*Cet ouvrage a été réalisé avec le concours
de la Mairie de Marseille
dans le cadre des 2 600 ans de la ville.*

Histoire de Marseille

26 siècles d'aventures

Du même auteur

Ninon de Lenclos, la courtisane du Grand Siècle, Fayard, 1984.

Histoire de Provence-Alpes-Côte d'Azur :
La Provence devient française (536-1789), Fayard, 1986.
Naissance d'une région (1945-1985), Fayard, 1986.

Mme de La Fayette, la romancière aux cent bras, Fayard, 1988.

L'Impossible Marcel Proust, Robert Laffont, 1994, Grand Prix de la biographie littéraire de l'Académie française.

La Fontaine, Fayard, 1990 ; réédition, 1995.

« *Chère Mme de Sévigné* », coll. « Découvertes », Gallimard, 1995.

Mme de Sévigné ou la Chance d'être femme, Fayard, 1982, réédition, 1996.

Molière, Fayard, 1998.

Marseille, 2 600 ans d'histoire, en collaboration avec Jean Contrucci, Fayard, 1998.

En couverture :
Plan de Marseille par Razeaud, milieu du XVIIIe siècle.
Tête d'Artémise, drachme provenant des Ateliers de Marseille (IIe-IIIe avant Jésus-Christ).

Photographies : in revue *Marseille*.

Roger Duchêne

Histoire de Marseille

26 siècles d'aventures

Temps Mémoire
Autres Temps

Préface

En célébrant les 2600 ans de Marseille, nous célébrons un anniversaire de mariage : celui du Phocéen Protis avec la Ligure Gyptis. Cette union permit le premier peuplement de Marseille sur les rives du Lacydon.

Par la suite, ce premier foyer n'a cessé de s'étendre. Marseille a su vaincre, dans son développement territorial, une multitude d'obstacles naturels difficilement franchissables. Grâce à des hommes ingénieux et courageux (Puget, Espérandieu, Le Corbusier), Marseille a pris forme au cours des siècles et s'est agrandie sans laisser de populations enclavées à sa périphérie.

Marseille, deuxième ville de France, a toujours été une ville d'accueil et d'immigration. Beaucoup de ces personnes qui transitaient par Marseille s'y établirent définitivement. Ce brassage de population a largement contribué à forger l'image d'une cité à l'identité forte bénéficiant d'une culture plurielle. Son image a varié selon les époques. Elle a souvent été caricaturée, mais elle a toujours occupé une place importante dans l'imaginaire des Français.

Après la décolonisation et jusqu'à récemment Marseille déclinait, elle perdait ses entreprises et sa population.

Aujourd'hui, Marseille construit son avenir et affiche des ambitions à la hauteur de son passé. Son image s'affirme chaque jour en France et à l'étranger. Elle a retrouvé son rayonnement, elle revendique sa place de deuxième ville de France et se positionne comme la capitale méditerranéenne de l'Europe du Sud.

Marseille a su inverser la spirale du déclin, en faisant revenir les entreprises, en développant des nouvelles activités économiques, la requalification des quartiers situés au nord, et souhaite redonner ses lettres de noblesse au centre-ville.

Marseille a encore la tête pleine de projets, et le plus emblématique sera la réalisation d'une grande et nouvelle digue pour le port de Marseille afin de renforcer son développement.

La renaissance de Marseille est en cours, « Marseille resplendit de tous ses feux ». Elle doit garder ses valeurs, la tolérance, l'accueil et le partage qui contribuent à construire son image : celle d'une ville forte et différente.

Jean-Claude Gaudin
Maire de Marseille,
Vice-Président du Sénat.

A l'origine, une histoire d'amour

L'histoire de Rome commence par un assassinat : Romulus tue son frère Rémus. Celle de Marseille commence par un roman d'amour : Protis le Phocéen épouse Gyptis, la Ligure. Hardis navigateurs, les Grecs de Phocée, un port d'Ionie situé à l'autre bout de la Méditerranée, en Asie Mineure, avaient exploré toutes les rives de la mer autour de laquelle s'organisait le monde connu en ce temps-là. Ils avaient su y découvrir, à peine visible de l'extérieur, le site d'un port exceptionnel, un plan d'eau de 40 hectares orienté d'est en ouest, protégé des vents par des collines en surplomb, accessible seulement par un étroit goulet de 28 mètres, et par conséquent facile à défendre.

IIs envoyèrent Protis, à la tête d'une expédition, demander au maître des lieux, le roi Nann, son amitié et le droit d'y fonder une ville. Selon Justin, historien latin, qui était aussi un poète, le débarquement grec aurait eu lieu le jour fixé par le roi pour marier sa fille. Elle devait choisir elle-même son époux en lui offrant à boire à la fin d'un banquet. C'était le rite. Nann convia les nouveaux venus. Gyptis se tourna vers Protis, et lui tendit la coupe. Elle apporta en dot le territoire où allait se développer *Massalia*, notre Marseille.

Ceux qui doutent des trop belles légendes objectent que les Phocéens avaient repéré le site avant la venue de Protis. C'est alors qu'ils avaient négocié les conditions de l'établissement d'un comptoir de commerce, et convenu l'union des jeunes gens, qui scellait le pacte conclu entre les indigènes et les nouveaux venus. Le mariage d'amour ne serait qu'un mariage d'affaires. Peu importe. En 600 avant Jésus-Christ, alors qu'à Rome, fondée seulement depuis un siècle et demi, régnait le sage Tarquin l'Ancien, Massilia, la plus ancienne ville de l'actuelle France, naissait au bord du

L'arrivée des Phocéens dans le port de Marseille, œuvre d'imagination de Pierre Poulain.

Lacydon, fruit de la navigation et du commerce, de l'aventure et des affaires, de l'amour et de la raison.

En 540, Phocée est détruite par les Perses du roi Cyrus. Massalia a probablement recueilli les survivants de sa métropole. D'où sans doute une seconde légende, racontée par l'historien grec Strabon. Au moment de s'en aller, les Phocéens auraient reçu des dieux l'ordre d'aller chercher un chef à Ephèse, prestigieux sanctuaire de la déesse Artémis. Celle-ci ordonna à une femme, Aristarkhè (« la meilleure »), de s'embarquer avec les Phocéens en emportant avec elle les objets nécessaires à son culte. A l'arrivée, on les plaça dans un temple orné d'une statue de la déesse. On la représentait avec des seins multiples, symbole de la fécondité. Elle devait protéger la ville et lui apporter l'abondance.

Après l'idylle, le drame

Massalia avait grand besoin de protection. Justin a insisté sur la fragilité de la nouvelle fondation. A la mort du roi Nann, tout est remis en cause. Son fils Comanus regrette la cession consentie aux Phocéens. « Un berger, lui conte un de ses conseillers, avait charitablement accordé un asile provisoire à une chienne pour y avoir ses petits. Ils grandirent vite. Forte de leur appui, la chienne refusa de quitter les lieux. » Pour le nouveau chef des Ligures, l'endroit où se sont établis les Phocéens ne leur avait été concédé par son père qu'à titre précaire, « en location ». Puisqu'ils s'y sont établis, il importe de les en chasser avant qu'ils y aient proliféré.

Ne pouvant le faire par la force, on essaie de l'emporter par la ruse. Pour célébrer le printemps, les Phocéens donnent une grande fête en l'honneur de la déesse Flore. Comanus introduit ce jour-là dans leur cité des hommes courageux, dont les uns entrent ouvertement comme de bons voisins et les autres par ruse. Ils ont été cachés dans des paniers placés dans des chariots couverts de feuillages. Comanus veut surprendre Massilia de nuit, après la fête, pendant son sommeil. Ses hommes lui ouvriront les portes de la ville. Il y entrera avec son armée, jusque-là dissimulée derrière les collines.

Marseille doit sa survie à une femme, à une parente du roi qui aime un Phocéen. Pour le sauver, elle lui révèle la ruse de Comanus. Il avertit les autorités. Vite sur pied, les Massaliotes s'emparent des Ligures embusqués dans la ville. Ils sortent et attaquent leur armée, qui ne s'y attendait pas. Comanus, le frère de Gyptis, est tué, avec 7 000 des siens. Chiffre énorme, qui suppose que les Phocéens ont entièrement détruit la peuplade qui les avait accueillis une génération plus tôt.

Sculpture bicéphale de Roquepertuse (IIIe siècle avant J.-C.), témoignage important de la persistance d'une culture ligure originale.

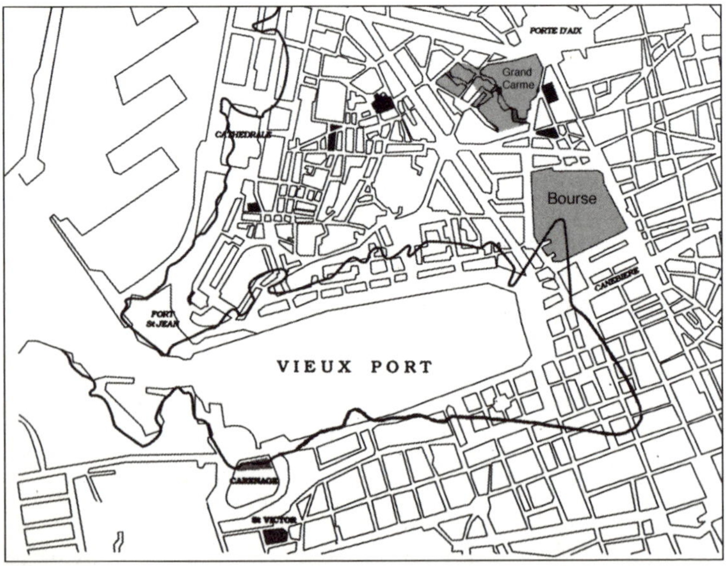

Rivage de la calanque originelle (trait gras) sur le plan actuel de cette partie de la ville et du port.

Cette légende noire, qui s'oppose à la légende dorée de la fondation, rappelle explicitement que les Phocéens ne sont pas arrivés dans un désert inhabité. Une civilisation forte et relativement homogène leur a préexisté. Oubliée pendant des siècles, car les historiens grecs et romains ne la décrivent pas, elle a été progressivement révélée et réhabilitée par les fouilles récentes des archéologues, à Roquepertuse, à Saint-Blaise et à Entremont par exemple. Ou même dans l'actuelle Marseille, à Saint-Marcel.

Près de Pertuis, un tumulus funéraire remonte au dernier quart du VIIe siècle avant Jésus-Christ, antérieur d'une vingtaine d'années à l'arrivée des Phocéens. On y a retrouvé un vase à vin superbe, et un « nécessaire de toilette » miniature comportant pince à épiler, petit grattoir, fine palette. Ces objets sont maintenant visibles, avec beaucoup d'autres qui relèvent de la même ancienne civilisation celto-ligure, au musée d'archéologie méditerranéenne de la Vieille Charité.

Entre les habitants de Massalia et ceux des territoires environnants (« la Massalie »), les rapports ont été le plus souvent conflictuels. Même si, comme le rappelle le mythe du mariage de Protis avec Gyptis, les Grecs ont dès la première génération accueilli dans la ville une importante proportion d'indigènes (40 %) pour faire souche. Dès l'origine, Massalia la Grecque a été le fruit d'un métissage avec les « Barbares ».

Perchée sur une presqu'île

De la cité des origines, il ne reste rien de visible que le site de son port – notre Vieux-Port. On en ignorait presque tout jusqu'à ce qu'en 1967, les découvertes faites derrière la Bourse et les nombreuses fouilles qui s'en sont suivies dans l'ancienne ville, favorisées par une loi votée à cette occasion pour assurer dans toute la France la conservation des vestiges, aient révélé aux Marseillais l'importante histoire de leurs premiers siècles.

Le rivage découvert par les Phocéens n'était pas comme aujourd'hui bordé d'une large esplanade. L'eau s'avançait jusqu'à l'intérieur de l'actuelle place Jules-Verne, à l'ouest de notre hôtel de ville. En creusant, on y a retrouvé les traces d'un quai archaïque gagné sur la mer dès les trois premiers quarts du VIe siècle avant Jésus-Christ. Aussitôt commençaient les pentes des collines : le sol alentour n'a été aplani qu'après la dernière guerre pour la reconstruction des vieux quartiers détruits en 1943.

L'eau s'avançait pareillement de l'autre côté de la mairie, place Villeneuve-Bargemon, où l'on a découvert, sous la terre d'alluvion, un quai débarcadère datant, à quelques années près, de l'arrivée des Phocéens. Leurs successeurs gagneront une vingtaine de mètres sur la mer, coulant volontairement dans l'ancien port des navires, qu'on a retrouvés, pour stabiliser le sol et y établir de nouvelles installations portuaires et leur chantier naval.

Les eaux se prolongeaient à l'est, en direction de la rue Colbert, en une vaste zone aménagée plus tard en port artificiel, l'actuelle « corne du port » du jardin des Vestiges. Ainsi, comme l'a noté César, la Marseille d'autrefois se trouvait-elle perchée sur une sorte de presqu'île, tirant de la mer qui la bordait sur trois côtés sa richesse et sa protection.

Du triangle ainsi défini, les Phocéens n'ont d'abord

occupé qu'une partie, environ douze hectares, celle qui domine la passe, la butte Saint-Laurent orientée sud-ouest nord-est à 24 mètres d'altitude. On a depuis fortement modifié le promontoire qui, à l'entrée du plan d'eau, du côté de la Tourette, formait un à-pic sur la mer, pour en aménager les abords, élever des fortifications et, tout récemment, pratiquer les issues du tunnel qui passe sous le Vieux-Port.

Dès le second quart du VIe siècle avant Jésus-Christ, la ville déborde vers le nord jusqu'à la place du Séminaire, derrière le chevet de l'actuelle cathédrale. A l'est, elle occupe le versant ouest de la butte des Moulins (42 mètres) et s'étend le long du plan d'eau, jusqu'aux futurs docks romains, au pied de la rue Caisserie. Ensuite, de 520 à 480, elle continue son expansion le long du rivage jusqu'à atteindre le site du jardin des Vestiges. Au nord, elle envahit le Panier. Plus tard, elle occupera aussi la butte des Carmes (38 mètres), comprise à l'intérieur du rempart en partie retrouvé derrière la Bourse. Dès lors, Marseille a atteint l'étendue (une cinquantaine d'hectares) qui restera la sienne pendant plus de 2 000 ans, jusqu'au temps de Louis XIV, au XVIIe siècle.

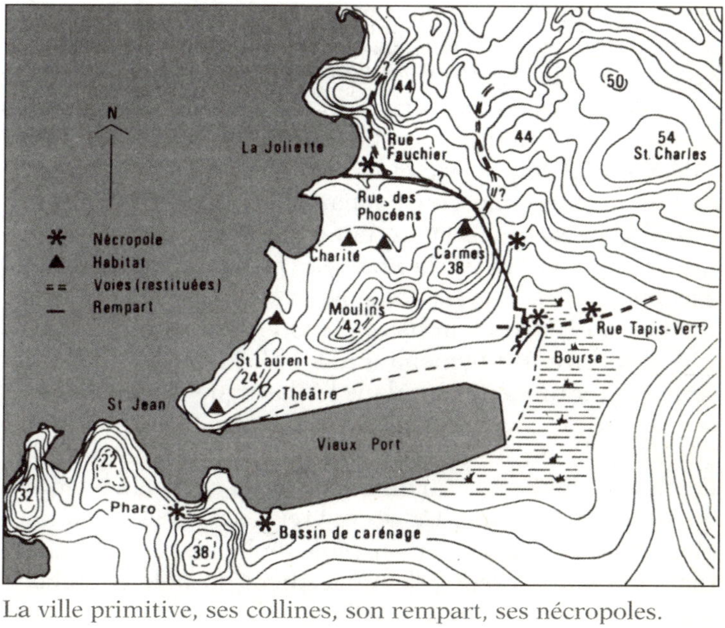

La ville primitive, ses collines, son rempart, ses nécropoles.

Une ville prospère dans un environnement hostile

Aussitôt fondée, Marseille devint puissante et prospère grâce à sa situation de carrefour entre l'est et l'ouest, notamment vers l'Espagne, riche en or, en argent et en étain, ouvert aussi au nord par la vallée du Rhône jusqu'à la Cornouailles. La ville frappait monnaie, et l'on a découvert, à Auriol, en 1867, un « trésor » de 2 130 pièces de sa fabrication. On retrouve de ces pièces un peu partout dans l'étendue de l'ancienne Gaule (tête d'Héraclès et d'Athéna, puis à l'époque hellénistique, Artémis d'un côté et lion de l'autre). La diffusion de sa monnaie témoigne de la prospérité de son commerce.

Elle l'a développé grâce à la puissance de sa flotte, qui assure la libre navigation dans la Méditerranée. Au milieu du VIe siècle avant Jésus-Christ, cette flotte est déjà capable de vaincre celle des Carthaginois alliés aux Etrusques. Pour avoir des relais commerciaux, Marseille fonde des colonies en Espagne (Ampurias), en Languedoc, à Antibes, en Corse (Aléria). Elle doit ses victoires et son expansion à la qualité de ses navires, que l'on connaît bien depuis qu'on en a retrouvé plusieurs, dont certains du Ve siècle avant Jésus-Christ, enfouis derrière la Bourse et près de la mairie, pièces exceptionnelles. Elle les doit aussi à la valeur de ses marins, dont certains n'hésitent pas à explorer les mers inconnues.

Pythéas et Euthymène sont les plus connus. Tous deux se sont aventurés très tôt dans l'Atlantique. Le second vers le sud, au Ve siècle avant Jésus-Christ. Il aurait doublé l'Afrique jusqu'au fleuve Sénégal. Pythéas aurait, lui, dépassé l'Irlande à la fin du IVe siècle, et connu la banquise au nord de l'Islande. Ce découvreur de terres inconnues était aussi un savant et un philosophe, excellent mathématicien, qui a précisé l'emplacement du pôle et établi le premier la latitude de Marseille.

Dédicace d'un notable (IIe-Ier siècle avant J.-C.), écriture grecque, langue gauloise, titre romain (*praetor*). Cette inscription découverte à Vitrolles est un bel exemple du mélange des civilisations.

L'essentiel de la navigation se fait en Méditerranée. Limité par les collines qui l'entourent, le terroir de la ville est étroit, aride et impropre à la culture des céréales. Les Phocéens y ont introduit celle de la vigne et de l'olivier, qui y poussent bien. Les Massaliotes échangent leur vin et leur huile, d'excellente qualité, contre les vivres dont ils ont besoin. Pour se nourrir, Marseille dépendra toujours de son commerce, et donc de sa marine et de la sécurité de la mer.

Car du côté de la terre, elle vit parmi des ennemis. Silius Italicus, à la fin du IIIe siècle, montre les Marseillais « entourés de tribus arrogantes et terrifiés par les rites sauvages de leur voisins barbares ». Pour assurer leur survie, ils ont dû se faire une réputaton de vaillance sur terre comme sur mer. Après la défaite de Comanus, « ils livrèrent de grands combats contre les Ligures et contre les Gaulois, dit Justin, ce qui ajouta à la gloire de la cité et, par leurs victoires redoublées, rendit célèbre la vaillance des Grecs chez les peuples voisins ». Ces marchands sont aussi, par nécessité, des guerriers.

Vers 390 avant Jésus-Christ, les Marseillais doivent résister à leurs voisins ligures, ligués contre eux sous les ordres de Catumandus, qui assiège la ville. Ils sont sur le point de la prendre, lorsque ce prince décide soudain de faire la paix avec les Marseillais, « épouvanté en songe par la vision d'une femme farouche ». La cité doit encore son salut à une femme. Cette fois, il s'agit d'une déesse. Ayant obtenu d'entrer dans la ville pour en adorer les dieux, Catumandus monte sur la colline de Minerve (Athéna), protectrice de la ville comme Artémis. Dans la statue de la déesse, il reconnaît la femme qui l'a terrifié pendant son sommeil. Il lui offre un collier d'or et jure la paix aux Marseillais.

Marseille, cité du miracle. Elle subsiste et prospère contre toute logique dans un environnement hostile. Ses habitants en ont conclu qu'elle a été voulue et qu'elle est protégée par les dieux.

Hydrie marseillaise à pâte claire, trouvée dans l'enclos funéraire situé au nord de la Bourse.

Marseille dans ses remparts

« Ville antique sans antiquités », disait-on naguère de Marseille. Ce n'est plus vrai depuis les découvertes qui se sont succédé après 1943, et notamment celles, en 1967, de la corne du port et des assises des remparts de la cité hellénistique, derrière la Bourse.

Massalia avait, selon Justin, appris à ses voisins gaulois « l'art d'entourer les villes de murailles ». Elle l'avait fait par son exemple. Les fouilles ont mis à jour le dispositif d'entrée, tel qu'il avait été construit ou plutôt reconstruit au IIe siècle avant Jésus-Christ. Edifiées en blocs de grand appareil, les tours de l'entrée (la tour nord et la tour penchée) s'élevaient au milieu d'un rempart de plus de 200 mètres de long.

Ce rempart protégeait la ville à l'est, seul côté où elle tenait à la terre ferme. On en a dégagé d'importants vestiges du côté du palais de la Bourse. Les seize mètres d'un mur découvert dès 1913 (dit « le mur de Crinas »), près de la rue Colbert, ont pu retrouver leur place dans l'ensemble des défenses dont ils formaient un bastion. De là, le rempart rejoignait la côte à l'ouest dans l'anse de l'Ourse, absorbée maintenant par le port de la Joliette.

A l'intérieur de ses défenses, qui gardaient une nombreuse population (au moins 10 000 habitants), Marseille connut plusieurs siècles de prospérité et de paix civile. Aristote y voyait le modèle du gouvernement oligarchique. D'un conseil de 600 personnes nommées à vie (les timouques), émanaient les quinze membres d'un conseil permanent, dirigé par trois d'entre eux. Ce conseil veillait à l'exécution des décisions prises et expédiait les affaires courantes. Les timouques étaient cooptés parmi les plus anciennes familles et les riches commerçants. Ils consolaient le peuple de n'avoir aucune part aux décisions en lui offrant fêtes et banquets.

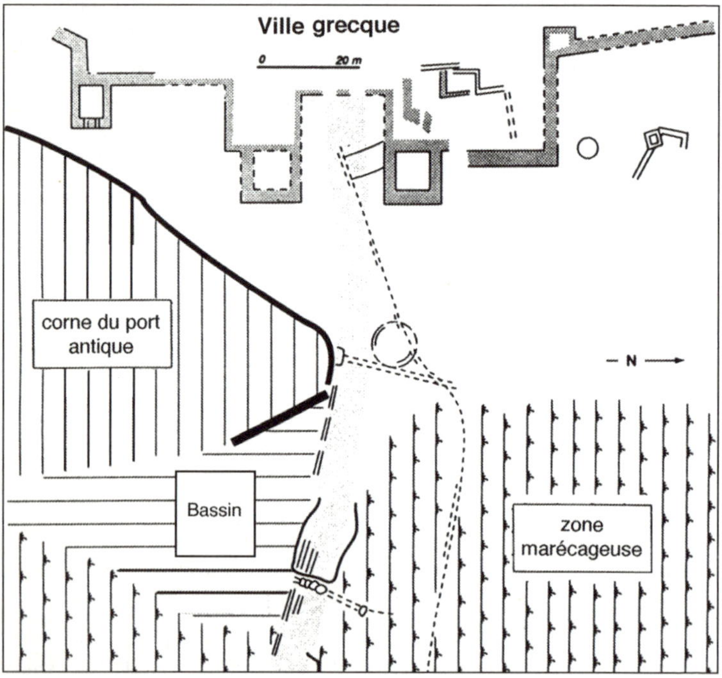

En haut, les fouilles de la Bourse en 1967. En bas, plan des vestiges faisant apparaître la corne du port antique et la situation du mur hellénistique (mur assiégé par César).

Les Marseillais de ce temps-là étaient cités en exemple pour leur austérité et leurs bonnes mœurs : le glaive du bourreau était, dit-on, rouillé faute de servir. Le théâtre y était interdit sous prétexte qu'il donnait de mauvais exemples. Le luxe y était défendu. Une loi fixait le maximum des dots à donner aux filles et de la valeur des habits et des bijoux portés par les femmes. Une autre interdisait l'entrée de la ville à toute personne armée. Depuis la ruse de Comanus, la ville veillait jalousement sur sa sécurité.

Les Marseillais ont conservé leurs dieux grecs. Outre celle de Pallas-Athéna et de l'Artémis d'Éphèse, ils implorent la protection d'Apollon delphien. Ils célèbrent Dionysos, le dieu du vin. Soucieux de préserver leur identité, ils conservent leurs anciennes traditions, celles du pays dont ils sont originaires. « Les lois sont les lois ioniennes, note Strabon. Elles sont affichées en public. » Comme les lois, les mœurs, la langue, l'écriture, les formes architecturales, la toilette corporelle des Marseillais sont longtemps restés celles de leur pays d'origine. Malgré tant de contacts commerciaux, Marseille, pendant des siècles, est restée un morceau d'Ionie implanté en terre étrangère.

La fidèle alliée de Rome

Pour se protéger de ses voisins, Marseille s'est alliée à Rome. La légende conte même que Protis et ses hommes, en chemin vers leur future cité, « abordèrent à l'embouchure du Tibre » pour « faire alliance avec les Romains ». En 390 avant Jésus-Christ, quand Rome est prise par les Gaulois, les Marseillais « ramassèrent de l'or et de l'argent, tant du trésor public que des particuliers pour compléter le somme » exigée en rançon par les vainqueurs pour quitter la ville et faire la paix. Marseille, citée grecque, soutient une autre ville « civilisée » contre le « Barbare », ennemi commun. Cette contribution volontaire exempta la ville de tout tribut à l'avenir. Elle fut à l'origine d'un traité en bonne et due forme, « à droits égaux », entre les deux cités.

En ce temps-là, Rome a besoin de la puissance militaire marseillaise, en particulier dans le domaine maritime. Les Marseillais, dit l'historien grec Strabon, « disposaient autrefois d'une grande quantité de navires ainsi que d'armes et d'engins multiples pour le transport par mer et pour le siège des villes, grâce à quoi ils purent d'une part résister aux Barbares et de l'autre gagner l'amitié des Romains, auxquels ils rendirent service en mainte occasion, et qui, dans mainte occasion aussi, les aidèrent à accroître leur puissance ».

Contre les Carthaginois, les deux cités avaient les mêmes intérêts. Marseille ne voulait pas les voir s'implanter en Sicile, encore moins en Espagne. Rien d'étonnant si elle s'est montrée fidèle envers Rome pendant les guerres qui l'opposent à sa rivale, les « guerres puniques ». En 217 avant Jésus-Christ, dans un combat naval à l'embouchure de l'Ebre, les vaisseaux marseillais jouent un rôle important dans la victoire romaine. Le commerce de la ville profite de la paix conclue en 201, et plus encore de la destruction de Carthage en 146 avant Jésus-Christ. Entre les villes alliées se développent de nombreux échanges commerciaux (Marseille s'y fournit en produits agricoles et particulièrement en céréales), au détriment de ceux qu'elle avait entretenus jusque-là avec les peuples qui l'environnaient.

L'équilibre difficilement établi en Provence entre les Celto-Ligures et les Grecs a été fortement ébranlé par le passage de l'armée d'Hannibal et les batailles que sa venue a entraînées. Au début du IIe siècle avant Jésus-Christ, l'insécurité règne sur terre, et même sur mer. En 181, les Marseillais demandent du secours aux Romains contre la piraterie ligure. En 154, ils les appellent à l'aide pour soutenir leurs colonies d'Antibes et de Nice. Vers 130-125, ils ont peur pour les territoires dont ils se sont rendus maîtres au fil du temps, les rives de l'étang de Berre, les plaines d'Aix, de Puyloubier et de Trets par exemple. Ils ont peur pour leur propre ville. Au point de se mettre en mesure de soutenir un siège en renforçant leurs remparts.

Ils n'auront pas à le subir. En 124, le consul M. Fulvius Flaccus triomphe des « Ligures, des Voconces et des

A l'entrée de la ville, base de l'une des tours du mur assiégé par César (état actuel au jardin des Vestiges).

Sallyens ». En 123, poursuivant la pacification, le proconsul C. Sextius détruit leurs principales places fortes, notamment l'oppidum d'Entremont. Présentée par les historiens latins comme rapidement menée, cette opération apparaît au contraire aux archéologues comme ayant été longue et difficile. Les fouilles ont montré l'existence, tout autour de Marseille, de nombreuses et brutales destructions d'habitats indigènes.

Parce qu'ils avaient conscience de la difficulté de l'opération, les Romains décidèrent en 122 avant Jésus-Christ, de fonder une ville nouvelle, *Aquae Sextiae* (Aix-en-Provence) afin d'y établir une garnison permanente. Ils voulaient contrôler les lieux dans l'intérêt de leurs alliés marseillais, mais aussi assurer leurs voies de circulation vers l'Espagne qu'ils avaient conquise, vers la Gaule qu'ils allaient conquérir. Marseille y gagne en sécurité. En 102, comme toute la Provence, la ville est protégée de l'invasion des barbares cimbres et teutons par la victoire de Marius dans la région de Trets. Mais elle a désormais tout près d'elle une cité romaine, susceptible de devenir sa rivale.

Pour le moment, aux comptoirs maritimes précédemment fondés, elle ajoute de vastes possessions territoriales, à Olbia près de la presqu'île d'Hyères, à Saint-Blaise et vers le Rhône jusqu'à Avignon. L'année de la création d'Aix, elle reçoit de Rome une bande côtière d'environ 2 kilomètres jusqu'en Italie. Elle étend même sa puissance du côté des Cévennes. Mais elle demeure principalement tournée vers la mer. Ses marins sillonnent la Méditerranée de l'Egypte à l'Espagne. Nombreuses sont, dans les épaves retrouvées, les amphores fabriquées à Marseille.

En même temps qu'ils protégeaient la ville contre ses ennemis, les Romains s'installaient dans le pays. Après Aix, ils créent Narbonne en 120 avant Jésus-Christ. Ils y rattachent, sous le nom de Narbonnaise, tout ce qu'ils possédaient alors en Gaule. Rien de plus inquiétant pour les Marseillais que cette « *provincia romana* », qui devait donner son nom à la Provence, s'ils n'avaient été de tout temps les « très fidèles alliés de Rome ». Enclavés sauf par mer dans la province conquise, ils conservaient toute liberté, et reçurent même de nouveaux territoires de

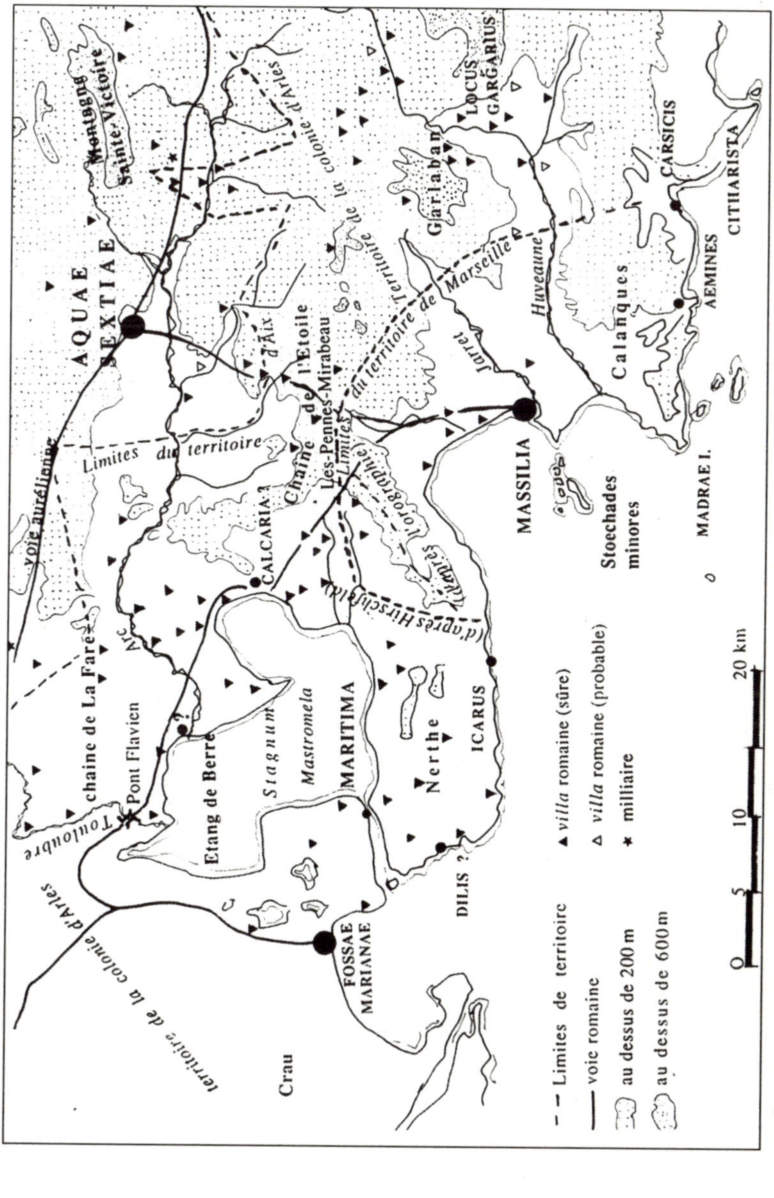

Le terroir de Marseille à l'époque romaine lors de son expansion maximum.

la main de Pompée, puis du vainqueur du reste de la Gaule, César.

En opposant les deux généraux romains, la guerre civile rompt soudain, en 49 avant Jésus-Christ, une amitié de plusieurs siècles. Les chefs marseillais entendaient rester neutres : « Devant des services égaux, expliquent-ils, leur devoir était de témoigner à chacun une reconnaissance égale, de ne donner à aucun d'eux une aide contre l'autre et de ne recevoir ni l'un ni l'autre dans leur ville ou dans leur port. » Mais César ne veut pas laisser un aussi puissant point d'appui sur ses arrières sans l'avoir soumis. Il décide de prendre Marseille et en commence le siège. Il établit son camp sur la colline Saint-Charles, celle où se trouve aujourd'hui la gare, à 500 mètres des remparts que les Marseillais avaient renforcés pour se protéger des Barbares.

Obligé de partir pour l'Espagne, César confie à son légat Trébonius le soin de réduire la ville. Malgré cinq mois d'une résistance héroïque, Massalia dut capituler. Une statue la représentant figura dans le cortège triomphal du Romain, qui l'obligea à livrer ses armes, mais non à démanteler ses remparts. Il lui prit ce qui restait de sa flotte de guerre et lui ôta ses colonies, sauf Nice. Mais il ne détruisit pas la ville et ne déporta pas ses habitants. Il l'autorisa même à conserver ses institutions. Réduite à son terroir, Marseille demeurait une cité libre. Elle reçut bientôt le statut enviable de « cité fédérée ».

Continuité commerciale et vigueur culturelle

La prise de Marseille n'arrêta pas l'essor de son commerce. La ville agrandit au contraire sa surface portuaire. C'est au Ier siècle avant Jésus-Christ que l'on creusa, au nord-est de notre Vieux-Port, un bassin de deux hectares et de plus de quatre mètres de profondeur. On l'entoura d'un quai en gros blocs rectangulaires comportant jusqu'à neuf assises. Retrouvés en partie lors des fouilles de 1967, on les a conservés sur place, au jardin des Vestiges, où se dessine fort nettement l'extrémité de la corne du port. En bordure de ce port s'étendait un vaste bassin d'eau douce, d'une contenance de 650 mètres cubes, destinée aux besoins de la navigation.

Sur 40 mètres de large et sur 4 à 500 mètres le long du rivage nord, magasins et entrepôts s'élevaient pour accueillir les marchandises. On y a retrouvé en 1943 et en 1969 de vastes « dolia » (jarres de stockage). On peut en admirer l'ordonnance et la taille (certaines atteignent deux mètres de haut) dans la partie, reste d'un ensemble beaucoup plus vaste, que l'on a maintenue sur place au musée des Docks romains (place Vivaux). De cette époque aussi date un théâtre de facture grecque, découvert en 1943 au pied de la butte Saint-Laurent. Même sous l'influence romaine, Marseille demeurait une ville hellénique.

Au IIIe siècle après Jésus-Christ, les navires marseillais abandonnent la corne du port, progressivement envasée. Le trafic se concentre sur la rive nord de l'actuel Vieux-Port. Cet espace est suffisamment vaste pour qu'on ne puisse voir dans ce transfert un signe de déclin. La construction de nouveaux entrepôts, selon une nouvelle technique (des cellules longitudinales en bois remplacent les dolia arasés) suppose au contraire que, malgré la

Quelques *dolia* conservées au musée des Docks romains, restes des vastes entrepôts situés le long du rivage nord de l'ancien port romain.

concurrence d'Arles, favorisée par César, Auguste et leurs successeurs, Marseille reste un port de transit et de réexpédition des marchandises important et actif, une cité prospère, qui a gardé ses limites, ses monuments et la disposition de ses rues.

Malgré ou à cause de sa défaite, elle est devenue une ville à la mode, le symbole de la résistance et de la culture. Les principaux textes grecs et latins qui racontent et exaltent son passé datent de ces années-là. Sa résistance à César est devenue un titre de gloire. Le général romain lui-même y a contribué en soulignant la valeur de ceux qu'il avait assiégés pour rehausser son propre mérite. Un siècle après l'événement, Lucain, dans sa *Pharsale*, un poème épique qui raconte les luttes de César et de Pompée, chante le courage de la ville : « Tandis que d'autres peuples tremblaient de peur au seul bruit du nom de César, la jeunesse phocéenne osa, malgré l'incertitude des événements, montrer de la constance, garder sa fidélité aux contrats scellés, suivre un parti et non se soumettre au destin… » C'est alors aussi que Strabon vante la constitution de Marseille et les qualités militaires de ses habitants face aux Barbares.

Il peint aussi la ville comme un centre rayonnant de culture. « Tous les citoyens de bonne famille y cultivent l'art oratoire et la philosophie. » On y forme de bons médecins, tels Crinas et Charmis dont les noms sont venus jusqu'à nous. Marseille est un foyer d'hellénisme. On y a établi une édition d'Homère demeurée célèbre. On y parlait trois langues : le grec, le latin et le gaulois, mais on utilisait l'alphabet grec pour écrire. Selon Strabon, les jeunes patriciens de Rome y viennent couronner leurs études de préférence à Athènes. Cette ville de marchands était aussi une ville où rayonnait l'esprit.

Lus et relus pendant des siècles par les intellectuels, ces éloges anciens fixeront pour longtemps l'image de la cité créée par les Phocéens. Ils lui assurent un capital de sympathie qui durera jusqu'à la Révolution.

La ville garda longtemps ses institutions. Il faut attendre le IIIe siècle après Jésus-Christ pour rencontrer la preuve qu'elle s'est finalement conformée au modèle romain.

Au milieu de ce siècle-là, l'Empire cesse d'être un lieu de paix. Des guerres civiles déchirent les provinces. Des invasions s'abattent sur les frontières. C'est l'anarchie. La Provence et Marseille doivent à leur situation géogaphique d'échapper à ces désordres. C'est seulement en 309 que la ville connaît un nouveau siège, le second de son histoire. Maximien, empereur déchu, s'y est réfugié après s'être révolté contre son gendre, le nouvel empereur, Constantin. Celui-ci différa l'assaut, par crainte des défenses marseillaises plus que par la déférence envers son beau-père dont on le crédita. Le rebelle se rendit sans combat et garda un temps la vie sauve.

Les débuts du christianisme

En 313, Constantin prend l'édit de Milan, qui accorde aux habitants de l'Empire la liberté d'être chrétiens. C'est la fin des persécutions.

Les Marseillais se sont flattés d'avoir été évangélisés par les premiers disciples du Christ, la Madeleine, Maximin, Lazare le ressuscité. De celui-ci, qu'on disait le premier évêque de la ville, on vénérait le crâne dans la cathédrale. On vénérait aussi la table de pierre et le lavoir dont Madeleine s'était servie avant d'aller parachever sa pénitence à la Sainte-Baume. On a montré dès le XVIIe siècle que tout cela était pieuse légende, inventée à Vézelay au XIIe et ancrée plus tard en Provence, quand on crut avoir miraculeusement retrouvé en 1279 les reliques de saint Maximin.

De bons spécialistes de l'histoire de Provence pensaient encore, en 1949, qu'une inscription retrouvée, en 1837, sur la mort du « très pieux Saturnus Volusianus » concernait un Marseillais martyrisé par le feu dès 64 après Jésus-Christ. Ils y voyaient la plus ancienne inscription chrétienne de la Gaule et du monde. D'autres ne la dataient que du IIe siècle. D'après les dernières découvertes, Volusianus, dévot de Sérapis, n'aurait pas été brûlé vif, mais victime d'un naufrage.

On situait également à Marseille, entre 286 et 293, le martyre de saint Victor, officier converti de l'armée impériale, exécuté sur la sentence de l'empereur Maximin en personne. Victor, disait-on, avait converti ses trois gardiens, martyrisés avec lui. On jeta les corps à la mer. Des anges les recueillirent et les transportèrent sur la rive sud du port, là où s'élèvent toujours l'église portant le nom du saint. Mais Victor, on l'a démontré, servait en Egypte et mourut à Alexandrie. Ses cendres ne furent tranférées à Marseille qu'à la fin du IVe siècle.

Les premières traces certaines du christianisme ne remontent qu'à l'évêque Orésius, au concile d'Arles, au début du IVe siècle. Jean Cassien en a été la première grande figure. En face de la ville, à l'extrémité d'un site qui longeait le port à partir de l'actuelle rue Paradis et qui servait de nécropole dès l'époque grecque, il construisit une petite basilique voûtée, dédiée à Notre-Dame. Situé à l'entrée des cryptes de l'église Saint-Victor actuelle, cet édifice est l'un des plus anciens monuments chrétiens de France. En 416, venu d'Orient où il avait été moine, Cassien amena avec lui le culte, et bientôt la légende de saint Victor.

Il fut le premier à introduire à Marseille, parallèlement au clergé séculier (prêtres et évêques), une communauté monastique vivant à part, selon ses règles propres. Une double communauté, l'une d'hommes et l'autre de femmes, la seconde placée sous le vocable de saint Sauveur, la première sous celui de saint Victor. Entre 419 et 429, Cassien en publiera les règles, qui serviront longtemps de modèles aux couvents d'Occident. On venait étudier près de lui, car Cassien était également un penseur et

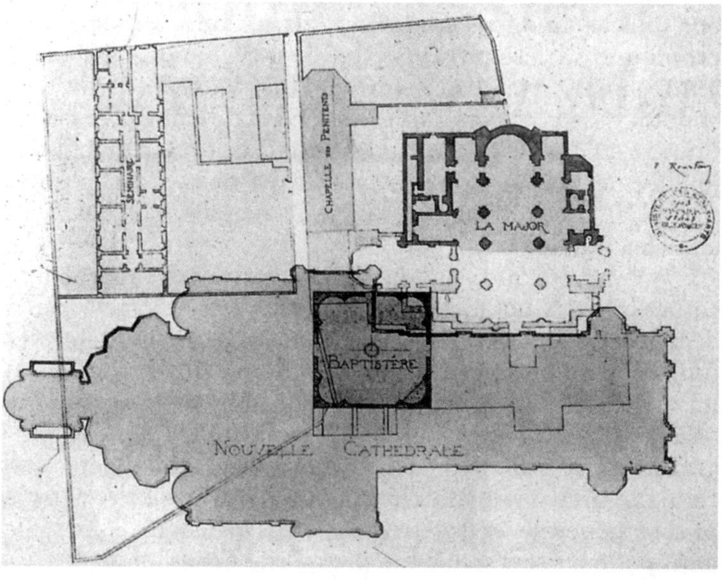

Plan d'un vaste baptistère du Ve siècle, aujourd'hui disparu, de l'ancienne Major et de l'actuelle cathédrale.

un théoricien du salut. Il a largement contribué à donner de la spiritualité marseillaise une excellente image, largement répandue. Il pensait notamment que la masse commune de l'humanité ne peut être sauvée que par l'exemple de guides purs, les moines, qui montrent le chemin vers un bien idéal.

Peu de temps avant sa mort, un autre grand penseur chrétien s'installait à Marseille, Salvien. Il avait été marié avant d'être prêtre, et pensait, lui, qu'il fallait rester dans le monde pour l'évangéliser, et que l'exigence de perfection chrétienne s'adressait à tous. Dans son livre *Du gouvernement de Dieu,* il apporte une réflexion capitale sur les bouleversements qui étaient en train de se produire. Loin de se désoler des invasions barbares, il y voit une grande mutation voulue par le Créateur. On est, dit-il, en train de vivre un « transfert de l'idéal humain ». C'est chez les Vandales et les Goths qu'il faut désormais aller chercher les modèles d'humanité que n'ont pas su donner les Romains (mal) christianisés.

Cassien défend le principe d'une cité hiérarchique, fondée sur l'autorité (le père, l'abbé, le chef). Salvien rappelle que tous les hommes sont fils d'Adam, donc tous égaux, et prône une société plus juste parce qu'égalitaire. Débat de fond, jamais tranché, même à l'intérieur de l'Eglise. Il conduit d'un côté vers saint Bernard et de l'autre vers saint François d'Assise. La Marseille du Ve siècle a été un creuset intellectuel, où se sont mêlées et affrontées ou fondues toutes les idées du temps sur les sujets dont débattaient alors les intellectuels.

A cette époque, les Marseillais bâtirent leur première cathédrale. A défaut d'en retrouver les vestiges, on a découvert, face à la mer, là où s'élève l'actuelle Major, les fondations d'un baptistère datant du Ve siècle, qui devait lui être attenant. Avec ses 22 à 25 mètres de côté et son double péristyle de 16 colonnes de granit, c'était le plus grand édifice de ce type dans l'ancienne Gaule. Il dépassait celui qu'Ambroise avait élevé à Milan. Au Ve siècle, dans la misère générale et les troubles des invasions, Marseille jouissait encore d'une large prospérité économique.

Artémis d'Ephèse, déesse de la fécondité.

Maquette de Massalia à l'époque hellénistique.

Prestation de serment du viguier, miniature du « Livre rouge » des Statuts de la ville (XIVe siècle).

Le prêche de la Madeleine, au pied de l'abbaye de Saint-Victor (fin du XVe siècle). De l'autre côté de la passe, la tour du roi René.

La Réale, construite en un jour dans l'arsenal des galères, œuvre de J.B. de la Rose (1671).

Plan de Marseille par Razeaud, un siècle après l'agrandissement dit de Louis XIV.

Maquette du fort Saint-Nicolas, construit sur l'ordre de Louis XIV.

L'angle nord-est du port avant le percement de l'avenue de la République et l'élargissement du quai, maquette de Fortuné Lavastre reconstituant Marseille en 1848.

L'église de Saint-Ferréol en cours de démolition sous la Révolution (porte-feuille Marchand).

Marseille porte de l'Orient, peinture symbolique par Puvis de Chavannes.

Le palais Longchamp, temple de l'eau jaillissante.

l'OM et ses supporters.

Gyptis tend la coupe à Protis, affiche pour la célébration du 25e centenaire de la fondation de la ville.

Deux siècles et demi de liberté et de prospérité

Marseille demeure un lieu de paix et de romanité. Les Visigoths d'Euric ne l'envahissent qu'en 476, juste au moment où l'Empeur romain est déposé par Odoacre. La plus ancienne alliée de Rome est la dernière cité d'Occident à tomber aux mains de Barbares. Alors encore, malgré plusieurs changements de maîtres (Burgondes, Ostrogoths, Francs), elle continue à maintenir la tradition culturelle de l'Antiquité. C'est pourquoi elle est longtemps restée fidèle au paganisme, contre lequel prêche Césaire, l'évêque d'Arles, qui étend sa suprématie sur les évêques de Marseille.

La ville continue d'être un riche marché grâce à son port. Ses greniers et ses docks servent au stockage du blé destiné aux troupes en campagne du côté de la Durance. D'importantes quantités d'huile, de vin, d'épices et de papyrus transitent par ses quais. Les navires relient Marseille à l'Italie et à l'Espagne, mais aussi à l'Afrique, à Constantinople, et au Proche-Orient. Produits de luxe et produits de consommation courante en sont réexportés vers l'intérieur de la Gaule. Signe de l'attrait commercial de la ville et de son ouverture sur le monde, des marchands étrangers, juifs et syriens notamment, s'y établissent.

Comme la Provence, Marseille appartient alors en principe au royaume des Francs. Mais les divisions de leurs chefs et leurs luttes contre les Burgondes aboutissent bien souvent à une partition de la province. Marseille même est parfois partagée entre deux possesseurs. En ce cas, elle demeure dans l'indivision, gouvernée par un seul fonctionnaire représentant les deux souverains. Ces partages sont des signes indirects de la prospérité de la ville dont on se dispute la possession.

C'est alors, en 591, qu'elle se trouve pour la première fois victime d'une grave épidémie de peste. Elle en est de nouveau frappée en 599, puis vers 650. Pendant des siècles, presque jusqu'à nos jours, la menace de ce terrible fléau va en permanence peser sur la ville. Le mal vient des ports du Moyen-Orient, comme Constantinople, avec lesquels elle ne cesse pas pour autant de commercer. Pour les marins et négociants marseillais, les nécessités économiques seront toujours plus fortes que la peur de la contagion.

Aux yeux des rois mérovingiens, la Provence n'est qu'un pays frontière tardivement annexé, qu'ils dirigent de loin. Les « patrices » francs qui sont censés y représenter leur autorité s'y montrent de moins en moins obéissants. La province est quasi autonome, et Marseille une ville indépendante quand, en 714, Charles Martel succède à Pépin à la tête du royaume. Vainqueur des Sarrasins à Poitiers en 722, il entreprend de soumettre la Bourgogne, puis la Provence. Comme cette province veut rester libre, ses chefs, les comtes, se rebellent contre le représentant du roi. Mauronte, comte de Marseille, dirige la rébellion.

Comme l'ont montré des fouilles récentes, la ville n'avait jusque-là cessé de s'étendre. On avait construit des faubourgs hors de ses murs. Malgré la peste, la population et la surface occupée par les habitations avaient constamment progressé aux VIe et VIIe siècles. Une industrie (métallurgie, tannerie, salage et séchage de la viande) avait prospéré à l'endroit de l'ancienne corne du port. Ce qui caractérise la Marseille des siècles dits « barbares », c'est sa large ouverture sur le monde, fruit de son dynamisme économique et culturel. Tout va changer avec la soumission de la Provence à Charles Martel.

A deux reprises, ce roi triomphe de Mauronte et des révoltés, qui n'avaient pas hésité à s'allier contre lui avec les Sarrasins. Marseille est prise une première fois en 736, mise à sac en 739. Pour cette ville, comme pour toute la Provence, ce n'est pas avec la fin de l'Empire d'Occident, mais près de deux cents ans après, avec la conquête de leur pays par le roi franc, que s'opère une coupure décisive dans son histoire. C'est la fin d'une prospérité et d'une expansion quasi continues depuis sa fondation.

Deux siècles d'épreuves

Au VIIIe siècle, Marseille jouit de la paix carolingienne, mais elle a perdu l'essentiel : la sécurité du commerce maritime. Elle a du mal à maintenir ses liaisons avec l'Empire byzantin, encore plus avec l'Afrique du Nord, occupée par les Sarrasins. Même les relations avec l'Espagne et l'Italie ne sont pas sans risques. Il n'y a plus de flotte romaine, encore moins de flotte marseillaise. Les Arabes prennent de plus en plus le contrôle de la Méditerranée. Marseille doit partager le peu de commerce qui reste, un commerce de luxe sans rapport avec le grand commerce de masse qui faisait sa prospérité, avec les ports de l'étang de Berre et surtout avec Arles. Elle dépérit comme toute la Provence.

La ville, qui brillait naguère de tout l'éclat de ses intellectuels, ne profite pas de la renaissance culturelle et religieuse qui fleurit dans le nord de la France et sur les bords de la Seine. Peut-être parce qu'elle est restée trop attachée à des formes de pensée ancrées dans la culture antique, désormais dépassée. Sans doute parce que la Provence est située aux confins du royaume, trop loin du centre du pouvoir et d'une ébauche de vie de cour. Le pays où la civilisation romaine a continué de briller le plus longtemps a du mal à s'adapter à un renouveau carolingien, qui lui est profondément étranger. La Provence sommeille et n'est française qu'administrativement.

Au début du IXe siècle, Charlemagne organise quelques raids de représailles contre les pirates arabes qui attaquaient la Corse et la Sardaigne. En 807, des Sarrasins d'Espagne sont battus au large de ces îles, et en 813, peu après sa mort, dans les eaux de Majorque. En 828, une flotte franque tente une opération sur la côte d'Afrique. Dernière initiative d'un pouvoir qui n'a jamais eu de véritable politique maritime et qui se souciait peu d'une trop lointaine Méditerranée. La désagrégation progressive de l'Empire carolingien après la mort de Charlemagne va disjoindre des liens restés artificiels et laisser sans défense la façade maritime de la Provence.

Les Arabes, qui peuvent désormais attaquer librement les côtes d'Italie, deviennent les maîtres du grand commerce international. Ils favorisent les ports de l'Espagne, qu'ils occupent, contre les autres ports, dont Marseille. Les épices qui transitent d'Orient arrivent désormais dans des ports musulmans. Privée de son commerce méditerranéen, Marseille, et avec elle toute la Provence, se replie sur une économie agricole, que rendent précaire les pillages des bandes armées qui sillonnent quasi librement un pays où, ce qui n'était pas arrivé depuis longtemps, la population diminue.

Marseille est, pour la première fois, mise à sac depuis la mer. En 838, une flotte sarrasine y débarque, probablement venue d'Espagne. Elle dévaste la ville et la pille, s'emparant des trésors des églises, emmenant ses habitants en captivité. Elle détruit l'abbaye de Saint-Victor, sur l'autre rive. Dix ans plus tard, nouveau pillage d'une ville laissée à l'abandon. Cette fois, ce sont des marins byzantins, oublieux des origines grecques de la ville, qui sont les responsables de l'affaire.

En 843, au partage de Verdun, la Provence fait partie de ce qui échoit à Lothaire, possesseur également de la Bourgogne et de l'Italie avec le titre d'empereur. Mais le duc Fulcrad, que Lothaire a placé à la tête de la province, entre en rébellion, soutenu par les comtes provençaux désireux d'organiser eux-mêmes leur défense contre les raids normands et sarrasins. Lothaire négocie et confirme Fulcrad dans sa charge, augmentant ses pouvoirs. Tout en demeurant terre d'Empire, la Provence, autour de son duc, acquiert une large indépendance.

Elle la garde en 855 quand est pour la première fois institué un vaste royaume de Provence au profit de Charles, le plus jeune fils de Lothaire. Puis divers regroupements interviennent, aboutissant à la constitution au profit de Boson, protégé du roi Charles le Chauve, puis de Louis, fils de Boson, couronné en 890, d'un vaste royaume de Provence (ou d'Arles, siège du pouvoir, ou de Bourgogne, car cette importante province fait toujours partie du même ensemble). Quoique toujours théoriquement rattaché à l'Empire, ce pays va rester pendant six siècles séparé de ce qui devient la France. Marseille suivra le même destin.

Malheureusement, premiers épisodes d'une aventure à répétition, les princes qui règnent sur ce vaste territoire se montrent plus attachés à la poursuite de leurs droits théoriques, hérités de Lothaire, dans la prestigieuse Italie que des problèmes posés concrètement en Provence. Les principales dévastations de ce pays par les Sarrasins coïncident, entre 900 et 910, puis entre 925 et 940, avec les périodes où les rois d'Arles sont occupés à leurs expéditions manquées.

Chaque ville doit organiser sa défense. Marseille aurait, dit-on, dû abandonner ses anciens remparts pour restreindre l'espace à défendre. On y aurait aménagé un réduit fortifié, où les habitants se seraient réfugiés en cas de besoin entre la place de Lenche et la Tourette, connu plus tard sous le nom de château Babon, du nom d'un évêque, probablement légendaire, qui se serait substitué aux autorités administratives défaillantes pour assurer un abri sûr à ses diocésains.

La situation n'est guère brillante. On est sûr d'incursions sarrasines à Apt et dans sa région vers 896, à Aix et à Marseille en 923-925. A la première alarme, l'évêque a quitté la ville en proie à la famine et demandé asile à l'évêque d'Arles. Malgré leurs passages en Provence et tout près de Marseille, notamment à Saint-Victor, les Maures n'auraient jamais réussi à s'en emparer.

Conscient de la dégradation de la situation, Conrard, roi de Bourgogne et d'Arles, décide, en 948, de réorganiser la Provence et d'y rétablir l'ordre. Pour y exercer le pouvoir en son nom, il désigne des comtes à Arles, Avignon et Apt ; il leur adjoint des vicomtes à Cavaillon et à Marseille. Bien qu'il les ait choisis en majorité d'origine bourguignonne dans l'espoir qu'ils lui seraient fidèles, ils vont rapidement devenir, sous son autorité théorique, les vrais maîtres des pays qui leur ont été confiés.

En 972, au col du Grand-Saint-Bernard, les musulmans s'emparent de Mayeul, abbé de Cluny. Les moines paient aussitôt une énorme rançon pour le libérer. Mais l'événement ayant frappé les imaginations, il provoque une coalition de

Provençaux décidés à déloger les Sarrasins de leurs points d'appui. Guillaume, fils du premier comte d'Arles, dirige victorieusement l'action principale contre leur retranchement du « Fraxinetum ». Il sera désormais désigné comme « Guillaume le Libérateur ».

Sur l'importance de la présence des Sarrasins en Provence et de leur installation dans les Maures, la légende prolifère d'autant plus que les témoignages dignes de foi sont rares. Les chroniques arabes et byzantines n'y font aucune allusion, et les annales franques n'en parlent qu'accessoirement. On s'accorde maintenant à penser qu'il n'y a pas eu une véritable occupation sarrasine d'une vaste partie du territoire, mais des troubles locaux, menés par des bandes exerçant, à partir de quelques points d'appui bien cachés et bien fortifiés, des raids rapides et efficaces contre une population mal protégée.

A Marseille, le vicomte désigné en 948 par Conrard était un certain Arlulfe, ancêtre des vicomtes de Marseille, dont les droits fonderont par la suite le statut particulier de la ville. Ayant participé avec Guillaume d'Arles à l'expulsion des Sarrasins du Fraxinetum, ses fils reçurent en récompense d'importants biens dans le comté de Fréjus. Dès 949, bien avant la libération, Honorat, un des fils d'Arlulfe, se trouvait installé sur le siège épiscopal de Marseille. Son neveu et son petit-neveu lui succéderont. Guillaume Ier, autre fils d'Arlulfe, règne sur un vaste territoire qui s'étend entre Marseille et Toulon avec une bande côtière profonde de 30 à 40 kilomètres. Pendant plus d'un siècle et demi, les deux pouvoirs, civil et religieux, resteront aux mains d'une même famille.

Devenus les plus riches seigneurs de Provence, les vicomtes de Marseille se comportent pratiquement en souverains. Dispensés des principaux impôts, ils ne prêtent qu'exceptionnellement foi et hommage aux comtes d'Arles, dont ils sont théoriquement les vassaux et qui, eux-mêmes, font tout pour oublier leur subordination aux successeurs de Lothaire et de Conrard. La Provence ne cesse de se reconstituer périodiquement en ensemble autonome, toujours pour se dissoudre aussitôt en pouvoirs rivaux. Marseille ne s'y agrège que pour s'en distinguer et y tenir une place à part, quasi indépendante.

Plusieurs maîtres pour une ville libre

A la mort du premier vicomte de Marseille, Guillaume Ier, fils d'Arlulfe, la vicomté passe à ses héritiers, puis aux héritiers de ses héritiers, tous appelés par la coutume à exercer leurs droits dans l'indivision.

Comme l'évêché ne peut rester indéfiniment dans la famille, en 1069, on partage la ville entre l'évêque, souverain de sa partie haute, avec l'anse de l'Ourse pour port, et les vicomtes, qui gardent la plus grande et la plus belle part, la ville basse et le port de commerce.

Un troisième pôle s'y ajoute, de l'autre côté du plan d'eau, autour de l'abbaye de Saint-Victor, rénovée. Elle échappe elle aussi à la famille des vicomtes. A l'initiative de l'évêque Honorat, elle s'est séparée de l'évêché après avoir adopté en 977 la règle de saint Benoît. Ses moines établissent près de Marseille et dans toute la région quantité de prieurés d'où ils évangélisent les campagnes. Ce sont aussi des agriculteurs. La Provence leur doit d'avoir été défrichée, ou de nouveau cultivée, dans le respect des équilibres naturels.

De vastes bâtiments conventuels s'étagent autour de l'ancienne fondation de Cassien, descendant vers la mer dans un site totalement modifié depuis. Les abbés de la première moitié du XIe siècle, Wilfrid et Ysarn, aménagent la grotte de Saint-Victor, dédiée à saint Lazare, et construisent une nouvelle église, consacrée en 1040 et presque entièrement détruite aux siècles suivants pour bâtir l'édifice actuel. Saint-Victor compte alors une soixantaine de religieux, plus une vingtaine d'enfants qu'on éduque dans la discipline monastique. On y prie, on y lit, on y forge des spécialistes. On envoie des moines en Italie se former en droit et en médecine.

Avec Ysarn (le futur saint Ysarn), qui la dirige de 1020 à 1047, l'abbaye connaît un immense rayonnement spirituel. A la fin du XIe siècle et au début du XIIe, ses successeurs porteront son influence jusqu'à Tolède d'un côté, jusqu'en Sardaigne de l'autre. Avec d'incessants échanges entre le centre et ses dépendances, la maison mère de Marseille est devenue une sorte de carrefour économique et culturel.

C'est bientôt le temps des croisades. Aucune des armées de la première, ni même de la deuxième (1096, puis 1147) n'est partie de Marseille. L'armée des Provençaux s'est embarquée à Saint-Gilles. Plusieurs des vicomtes de Marseille en font partie. A cette époque, le port de la ville ne semble pas avoir beaucoup plus d'importance que ceux de Fos, Hyères ou Antibes. Pour Marseille éprouvée par les invasions et les épidémies, ce n'est pas encore le temps de l'expansion maritime, mais celui de la reconstruction et du repeuplement.

En 1163, la ville est à nouveau partagée. Conduit par son prévôt, le chapitre de la cathédrale a obtenu de gérer lui-même ses biens, séparés de ceux de l'évêque. De ce qui lui a été donné en 1069, celui-ci garde ce qui se trouve situé à l'est de la place de Lenche. Le reste, tout ce qui se trouve vers la cathédrale, du côté de la mer, appartient à la ville prévôtale. Les chanoines qui ont voulu ce partage étaient des clercs issus des familles les plus riches de la cité. En l'imposant, ils manifestent leur volonté d'échapper à l'autorité hiérarchique selon un état d'esprit qui apparaît aussi, au même moment, dans la ville basse.

Depuis la prise de la ville par Charles Martel, les habitants de Marseille n'y ont plus part au pouvoir. Même les décisions concernant le commerce leur échappent au profit des vicomtes qui y exercent la souveraineté. Ce sont eux qui sont seuls responsables de la gestion du port, de son commerce et de sa politique étrangère sous la lointaine suzeraineté des héritiers des comtes de Provence, dont la ville continuait, bon gré mal gré, de faire partie.

Comme la vicomté de Marseille, à la suite d'héritages successifs, le comté de Provence se trouve partagé. Raymond de Saint-Gilles, comte de Toulouse, puis ses descendants, y ont des droits, mais aussi Raymond Béranger Ier, comte de Barcelone, personnage important, possesseur d'un

L'abbaye de Saint-Victor et le port de Marseille, gravure de Merian, XVIIe siècle.

quasi-royaume. Et encore le comte de Forcalquier, et de plus les seigneurs des Baux. La ville est parfois entraînée malgré elle dans leurs querelles. En 1174 par exemple, le comte toulousain abandonne Marseille à Gênes au cas où la cité italienne parviendrait à s'en emparer. Renouvelé dix ans plus tard, ce traité resta lettre morte, Gênes n'ayant pas organisé d'expédition militaire correspondante. Il montre que les Génois commençaient à se préoccuper de la concurrence marseillaise.

En 1192, à la mort de Barral, principal vicomte de Marseille, Alphonse Ier d'Aragon, comte catalan de Provence comme successeur de Raymond Béranger, se présente devant Marseille avec une petite armée. Mené par le viguier qui avait administré la ville au nom de Barral, les habitants lui en refusent l'entrée et résistent victorieusement au siège qu'il entreprend pour les soumettre. Marseille garde sa liberté.

Pour se donner un chef dont ils savent qu'ils seront les maîtres, les autorités de la ville arrachent à l'abbaye de Saint-Victor un héritier de Barral, Roncelin, qu'ils s'empressent de marier. Sous son nom, les marchands et les notables gèrent eux-mêmes les affaires de la ville, par le biais d'une organisation oligarchique menée par des « recteurs ». C'est le « consulat ».

Le pape s'en mêle, qui excommunie Roncelin et jette l'interdit sur la ville, ce qui la priverait des sacrements si le clergé local lui obéissait. En 1211, le défroqué malgré lui se soumet, renvoie sa femme et rentre au couvent. Mais à ce moment-là, regroupés dans la confrérie du Saint-Esprit, les élites marseillaises ont progressivement racheté, à prix d'or, quasi toutes les parts de la vicomté de Marseille. Ils sont devenus les seigneurs de la ville quand, en 1215, la mort de Roncelin déclenche une crise. Les moines s'en portent héritiers et réclament l'exercice de la vicomté. L'évêque prend le parti de l'abbaye. Sans en tenir compte, le « consulat » continue de gouverner librement la cité. Marseille connaît à nouveau l'interdit.

Un accord intervient en 1224. Moyennant le paiement d'une rente annuelle, Saint-Victor cède au consulat les quelques droits auxquels l'abbaye peut prétendre. Propriétaire de tous les autres, la ville devient légitimement vicomtesse de Marseille. Après des années d'efforts, les Marseillais ont atteint leur but. Ils sont les maîtres de la partie active de la cité, la ville basse et son port. En 1225, les deux principaux comtes rivaux, le toulousain et le catalan, reconnaissent la seigneurie collective exercée par la ville. Ils en confirment les privilèges. Marseille est devenue une cité libre. Elle le restera encore pendant plus de vingt ans.

Non sans luttes. Car Raimond Bérenger V, le nouveau comte catalan, a obtenu de l'Empereur, lointain successeur des rois d'Arles, la confirmation de ses droits. Les concessions accordées par son prédécesseur, dont la reconnaissance de la liberté marseillaise, sont annulées. En 1230, soutenu par l'évêque, il s'installe dans la ville haute et cherche à introduire ses agents dans le gouvernement de la ville basse. On lui en interdit l'entrée. Il repart sans avoir réussi à y pénétrer. En 1243 seulement, moyennant de larges concessions, Marseille lui reconnaît une suzeraineté théorique. Il meurt en 1245, ne laissant qu'une héritière, Béatrix. En 1249, le comte toulousain meurt à son tour, laissant ses possessions à sa fille, femme d'Alphonse de Poitiers, frère du roi de France Louis IX, le futur Saint Louis.

Cette princesse ne fera pas valoir ses droits sur la Provence, car à ce moment-là son sort est réglé. Dès janvier 1246, on a marié Béatrix à Charles d'Anjou, autre frère de Louis IX. Il est jeune. Il est décidé à exercer sa souveraineté. En 1251, Arles et Avignon se soumettent. Avec Marseille, il lui faudra dix ans, ponctués par des accords de paix successifs, conclus en 1252, 1257 et 1262.

Le 22 octobre 1264, au plan Saint-Michel, l'actuelle place Jean-Jaurès, une douzaine de Marseillais sont exécutés pour avoir conjuré contre leur nouveau comte, dernières victimes d'une indépendance que la ville a perdue pour toujours.

Les « Chapitres de paix »

En 1187, la prise de Jérusalem par Saladin provoque une troisième croisade. Cette fois, et pendant le siècle suivant, Marseille participe largement à l'activité maritime qui en résulte.

Plaque tournante de la navigation en Méditerranée occidentale, Majorque est libérée des musulmans en 1229. Les Marseillais y ont activement contribué. Ils ouvrent des comptoirs en Afrique du Nord. Leur port remplace Saint-Gilles comme marché principal des échanges commerciaux de l'Occident latin avec les pays de l'Islam. Les navires partent vers le Levant chercher les épices, l'alun, le sucre, les étoffes de soie, les pierres précieuses ; ils y emportent les draps de Flandres et de Languedoc, des métaux, le safran et le corail que les pêcheurs provençaux vont bientôt chercher jusqu'en Sardaigne.

Menée pendant un demi-siècle, la politique d'indépendance de la commune marseillaise a coûté cher en droits payés plusieurs fois et finalement confisqués. La ville n'est redevenue une cité libre qu'un bref moment. Elle n'a cependant pas tout perdu. Débarrassée de ses vicomtes, elle va connaître une période de paix intérieure et de stabilité fondées sur l'acceptation réciproque par les deux parties de conventions qui ont le mérite d'être écrites.

Contenus dans le « Livre noir » et le « Livre rouge », conservés aux Archives communales, les Statuts de la ville, rédigés à partir de 1252, rappellent ce qu'ont été jusqu'alors les institutions marseillaises. En 1257, soixante-trois articles, dits « Chapitres de paix », les modifient pour tenir compte des exigences de Charles d'Anjou. Avec le temps, ils vont paradoxalement devenir la charte fondamentale, constamment opposée aux exigences du pouvoir central jusqu'à la Révolution, des lois, coutumes, franchises et libertés de Marseille.

Le comte de Provence est le maître de la ville, qu'il commande en qualité de seigneur de Marseille. Il y est représenté par un viguier. Ce viguier est assisté d'un

Le « Livre rouge », contenant les Statuts de la cité, copie du XIVe siècle, page de dédicace.

Conseil, formé des représentants de quelques familles de marchands et de riches propriétaires à l'exclusion des gens de métiers. Marseille est, comme toujours, une oligarchie.

De l'accord qui lui a été imposé, la ville attend la prospérité et la sécurité de son commerce. Les Chapitres de paix lui reconnaissent d'importants privilèges économiques. Elle garde le droit de battre monnaie et veille à ce que les pièces soient de bonne qualité. Elle n'est pas soumise au même régime fiscal que le reste de la Provence. On la dira bientôt « terre adjacente ». Ses habitants conservent de solides garanties juridiques, dont celle d'être jugés sur place, même en appel. S'ils ont désormais quelques obligations militaires envers le comte de Provence, ils n'ont plus à se soucier de leur défense, qui est du domaine du souverain. Ils conservent seulement la propriété des remparts, qu'ils doivent entretenir, et la garde de la chaîne qui ferme l'entrée du port à la hauteur de l'actuelle tour Saint-Jean.

Marseille a le privilège de posséder le plus ancien registre de notaire des archives françaises. Il contient 1028 actes passés entre mars et juillet 1248. Cinquante-deux seulement concernent la terre ferme ; tous les autres sont des contrats portant sur des affaires maritimes. La lecture des Statuts confirme cette primauté. On y traite par exemple des fabricants de voiles de coton et des cordiers, des charpentiers et des calfats, et de leurs procédés de fabrication des navires. On y traite aussi des pêcheurs, qui forment une importante corporation. On n'y parle qu'à peine des métiers de l'agriculture.

En un peu moins d'un siècle, malgré ses handicaps traditionnels (éloignement du Rhône, absence de terroir, aridité des collines qui l'enferment), grâce à la qualité de ses prestations, Marseille a retrouvé son rôle antique de grand marché du commerce méditerranéen et de lien entre les pays du Levant et toute une partie de l'Europe par le grand couloir rhodanien. Sa richesse lui vient presque exclusivement de la mer.

Une tête de pont vers le royaume de Naples

Après la mort de Raimond VII de Toulouse et de Raimond Béranger V, les deux principaux comtes de Provence, les deux grandes provinces situées au sud de la France sont dirigées par les deux frères du roi de ce pays. En 1271, le Languedoc devient français par héritage. La Provence et Marseille auraient pu connaître le même sort. Il n'en fut rien, car le nouveau comte de Provence était un prince jeune et ambitieux. Par son mariage avec Béatrix, Charles d'Anjou avait recueilli un beau comté ; il en fit un tremplin pour conquérir un vaste royaume. Comme les anciens comtes d'Arles, il se tourna vers l'Italie. En 1259, il conquiert une part du Piémont. En 1265, il reçoit la couronne de Sicile et de Naples.

Cette politique d'expansion profite largement à Marseille, qui construit et équipe les navires nécessaires au transport des troupes et à leur ravitaillement.

En 1296, Charles II loue, à l'angle sud-est du port, une part des chantiers de construction navale à des fins militaires. Cette cession temporaire s'éternisera. Elle est à l'origine du futur arsenal des galères. Pour la première fois depuis l'Antiquité, le port de commerce se double d'une amorce de port de guerre. En récompense de l'aide qu'ils lui ont apportée dans ses conquêtes, Charles d'Anjou leur accorde des exemptions de taxes, la liberté du commerce avec son nouveau royaume, et de multiples « loges » ou comptoirs commerciaux sur les côtes de la Méditerranée qu'il contrôle.

Pour marquer l'unité de ses possessions, il a confié la Provence à des seigneurs français, mais inversement attribué de grandes charges et de grands biens en Italie à des seigneurs provençaux. Il s'efforce d'y attirer aussi des gens de conditions modestes : nombre de Marseillais figurent sur ses registres parce qu'ils tiennent de petits emplois dans son royaume ou reçoivent des pensions pour services rendus en mer.

Ses successeurs garderont la même politique. Malgré la perte de la Sicile, qui s'est révoltée en 1282, ils demeurent implantés en Italie, gouvernant la Provence depuis Naples, où ils ont fixé leur capitale. Devenue le port d'attache d'une bonne part de leur flotte, Marseille est la base provençale de leurs liaisons maritimes.

La prospérité que les comtes angevins lui ont d'abord donnée n'est pas sans inconvénients. Même lucratives, les activités militaires entravent le commerce traditionnel. Depuis la perte de la Sicile, la situation s'est renversée. De point d'appui d'une conquête glorieuse, la ville est devenue le point de départ d'une reconquête constamment manquée. Des flottes commandées par des Marseillais sont défaites. La guerre avec Gênes et avec les Catalans entraîne l'insécurité de la mer. Il faut attendre la mort de Charles II, en 1309, pour trouver un bref temps de paix pendant lequel les marchands retrouvent le chemin de Chypre, de Bougie, de Tunis, où les anciens comptoirs ont dépéri.

La perte progressive des lieux conquis par les croisés, tel Saint-Jean d'Acre abandonné en 1291, nuit au commerce du Levant, où Marseille perd sa situation privilégiée. Evénement inattendu, l'installation des papes à Avignon, au début du XIVe siècle, crée dans cette ville un pôle de richesse qui attire une foule de marchands italiens. Délaissée par les changeurs, Marseille se trouve réduite au rôle d'avant-port de la cité pontificale, devenue métropole du commerce et de la banque dans la basse vallée du Rhône. Quand leurs navires ne sont pas réquisitionnés par les comtes angevins, les armateurs marseillais n'ont plus qu'à les louer aux Italiens de la cour d'Avignon, qui organisent des convois de marchandises entre la Provence et la Toscane.

En mai 1309, le roi Robert succède à son père Charles II. Il va se faire couronner par le pape à Avignon, puis s'en vient à Marseille, où il fait son entrée solennelle et jure d'observer les Chapitres de paix, selon un cérémonial respecté par tous les souverains passant par la ville jusqu'à Louis XIV. De là, il s'embarque pour Naples, d'où il ne reviendra que dix ans plus tard pour les fêtes de la canonisation de Saint Louis d'Anjou (qui a donné son nom à l'actuel cours Saint-Louis), son frère aîné, qui lui avait abandonné le trône pour se faire moine. Robert demande à cette occasion une aide financière à la ville. Elle refuse. En raison de sa pauvreté, mais aussi parce qu'elle est attachée à ses exemptions fiscales et ne veut pas créer de précédent.

En 1343, à dix-sept ans, la reine Jeanne succède à son grand-père Robert. Non sans difficultés, car le roi de Hongrie envahit son royaume. Elle doit s'enfuir, et y réussit de justesse grâce à des galères marseillaises. Contre Aix et la Provence, qui lui est hostile, Marseille prend son parti. A Avignon, le pape la soutient. En août 1348, elle rentre triomphalement à Naples. Quand elle veut attribuer la prestigieuse charge de sénéchal de Provence à un Napolitain, la révolte gronde dans la province, sauf à Marseille, prête à entrer en guerre contre ses voisins pour la soutenir. Le pape apaise la querelle.

A propos de cette reine, quasi mythique (la reine Jeanne n'a passé que quelques mois en Provence et quelques jours à Marseille), le particularisme des Marseillais s'est à deux reprises manifesté avec éclat. Il vient de leur fidélité aux Angevins, dont ils continuent d'espérer la prospérité de leur port. Il vient aussi de leur reconnaissance. Le 3 janvier 1348, juste avant d'être obligée de s'enfuir de Naples, Jeanne avait définitivement réuni les trois parties de Marseille. Désormais, il n'y a qu'une seule ville. Elle ne sera plus jamais partagée.

A partir de cette date, dans des limites territoriales qui ne changeront quasi plus, la ville est gouvernée par une administration unique. Aux côtés des officiers à la nomination du comte, viguier, qui le représente, juge du palais, juges des premières et deuxièmes appellations, « clavaire » ou trésorier, il y a désormais trois syndics émanant d'un Conseil. Son mode de recrutement et sa composition (cent cinquante membres à ce moment-là) varieront maintes fois au fil du temps, selon le rapport des forces et le poids des factions qui diviseront les Marseillais.

En juillet 1348, la peste noire atteint Marseille. Elle y sévit plusieurs mois. Elle réapparaîtra plusieurs fois jusqu'en 1361. La population diminue. De 25 000 au temps de la prospérité économique du siècle précédent, elle serait tombée à 10 000 ou 12 000 mille en 1385.

Conséquence de la guerre de Cent ans : à partir de 1357, des bandes de soldats sans emploi depuis la bataille de Poitiers (les « routiers ») refluent vers le sud et rançonnent la Provence. Les villes s'enferment dans leurs remparts. Marseille répare les siens. Elle recrute des hommes d'armes. Ancien abbé de Saint-Victor, le pape Urbain V organise la défense de la région. Pour protéger l'abbaye, il fait construire à ses frais la grande abside fortifiée de l'église. Il y ajoute nombre d'embellissements. Il viendra en personne les bénir en octobre 1365. Il passe une douzaine de jours dans la ville en liesse.

A la mort de son successeur, en 1378, des dissensions aboutissent à l'élection de deux papes. C'est le début d'un schisme qui va durer soixante-dix ans. La reine Jeanne se range du côté du pape d'Avignon contre celui de Rome. Sans héritier direct, elle adopte Louis d'Anjou, frère du roi de France Charles V. Mais soutenu par le pape de Rome, Charles de Duras, son cousin germain, qu'elle avait antérieurement choisi pour successeur, intervient avec une armée hongroise. En septembre 1381, Jeanne est sa prisonnière. Envoyée à son secours, une escadre marseillaise de dix galères est arrivée trois jours trop tard pour la défendre. En juillet, sa succession est vacante : Charles de Duras l'a fait étrangler.

En Provence, c'est la guerre civile. Les Provençaux se souviennent que Du Guesclin et ses routiers, soutenus par le roi de France, ont été contenus à grand-peine, il y a une douzaine d'années. Ils ne veulent pas avoir pour comte l'oncle du nouveau roi, Charles VI. Au début de 1383, les Aixois envoient une ambassade à Charles de Duras pour lui annoncer leur ralliement. Fidèle aux volontés de la reine Jeanne, Marseille prend au contraire le parti de Louis d'Anjou, soutenu par le pape d'Avignon.

Les Marseillais occupent plusieurs villes du voisinage. Des troupes françaises entrent en action, assiégeant Aix, sans qu'on sache si elles combattent pour le nouveau comte de Provence ou pour leur roi. La situation est indécise quand on apprend que, dans la nuit du 20 au 21 septembre, Louis d'Anjou est mort en Italie, à Bari. Entre Charles de Duras et le roi de France, il n'y plus qu'un enfant de moins de sept ans. Le parti choisi par Marseille semble condamné.

Mort et résurrection d'une ville fidèle aux Angevins

Ce parti va au contraire triompher. La veuve de Louis d'Anjou, Marie de Blois, infléchit le cours de l'histoire en choisissant la seule politique qui puisse sauver le trône de son fils. Elle se rend en Provence et obtient pour lui, du pape d'Avignon, l'investiture du royaume de Naples et du comté de Provence. En juin 1385, devant les Etats réunis à Apt, elle confirme, en qualité de régente, les privilèges et franchises du pays, ralliant peu à peu à sa cause grands seigneurs et évêques, qui espèrent grâce à elle sauver leur indépendance. Partout, en effet, Marie de Blois contrecarre la politique de l'oncle du roi de France, le duc de Berry, gouverneur du Languedoc, qui refusait de lui remettre les châteaux forts tenus par les Français au nom de son mari, puis de son fils, et s'efforçait d'obtenir hommage et soumission en faveur de Charles VI.

Elle a bénéficié du ferme soutien de Marseille, qui lui a fourni hommes et subsides. Le 19 août, elle vient dans la ville, accompagnée du jeune Louis II. Elle jure pour lui de maintenir ses privilèges et de respecter les Chapitres de paix. Le 28, à la demande des habitants, elle modifie le mode de recrutement du Conseil en y introduisant une part de tirage au sort comme dans plusieurs villes d'Italie. C'était, en principe, le moyen d'empêcher le maintien dans les Conseils de personnages qui s'y éternisaient par cooptation pour leur profit et celui de leurs amis. Malgré diverses modifications, « le règlement de la reine Marie » restera la base des institutions municipales marseillaises jusqu'en 1660. Il marque la fin de la prédominance du représentant du comte. Le pouvoir du viguier passe aux trois syndics, futurs consuls.

La reine Marie quitte Marseille au début de septembre, poursuivant le ralliement des villes de Provence à son fils. En février 1386, la mort de Charles de Duras, assassiné en Hongrie, favorise la cause du comte angevin. Aix finit par s'y rallier. Louis II peut y faire son entrée, en octobre 1387. Les tenants de l'Union que cette ville avait dirigée étaient des conservateurs, qui s'étaient imaginés que, sous Charles de Duras, le royaume de la reine Jeanne se reconstituerait à l'identique, laissant à la Provence la quasi-autonomie à laquelle elle s'était habituée, et à chaque ville son particularisme.

Ce parti n'avait pas pris conscience que le monde avait changé, que la pression française se faisait de plus en plus lourde, et qu'elle risquait de s'accentuer davantage maintenant que la menace anglaise sur le royaume, qui avait si longtemps pesé lourd, s'était (provisoirement) relâchée. Les tenants de l'Union ne voyaient pas qu'adopter un Duras comme comte de Provence revenait à transformer leur pays en une marche lointaine, et par suite vulnérable, d'un royaume de Naples appuyé sur la Hongrie, tourné vers l'Est.

Choisir la maison d'Anjou, c'était au contraire faire de la Provence le pays d'un prince français, que le roi ne pouvait attaquer sans risquer de le transformer en dangereux rebelle. Cela garantissait l'autonomie du comté. C'était aussi faire de la Provence le point d'appui d'une reconquête. Marseille, qui l'avait tout de suite compris, pensait tirer profit de son ralliement pour son commerce. Elle se trompait. Les campagnes de la seconde dynastie angevine ne lui apportèrent pas la prospérité que lui avaient donnée les conquêtes de Charles d'Anjou, puis les relations régulières entre Naples et la Provence.

Les efforts de reconquête du royaume de Sicile n'eurent en effet que des résultats provisoires et incertains. Louis II ne parvint pas à reprendre Naples. En août 1399, après neuf années de campagne, il rentra en vaincu, laissant le trône à son rival Ladislas de Duras. La guerre anglaise avait repris. Comme duc du Maine et d'Anjou, comme possesseur de plusieurs fiefs en France, le comte de Provence y avait des terres à défendre. Il dut attendre 1409, puis 1410-1411 pour renouveler sa tentative en Italie. Vainement. Il mourut jeune, à quarante ans, en 1417, sans avoir reconquis son royaume. De leur fidélité au prince, les Marseillais n'ont tiré que de minces avantages matériels. Mais à son éloignement et à ses échecs, ils doivent d'avoir une fois de plus retrouvé une quasi totale liberté communale.

Quand Louis III succède à son père à quatorze ans, il reprend toutes ses prétentions sur son lointain et prestigieux royaume. Le 15 août 1420, aidé des subsides votés par les Etats de Provence, il part à son tour pour l'Italie avec le concours des galères génoises. Il échoue sur le terrain, mais y conclut un accord favorable. Jeanne II, sœur de Ladislas, la souveraine régnante, l'adopte en juin 1423. Sous le nom de duc de Calabre, titre ordinaire de l'héritier de la couronne, il vécut presque tout le reste de sa vie à Naples, où il mourut en 1434 sans avoir pris personnellement possession du royaume de Jeanne II, morte un an après lui.

Pour résister à l'attaque de Louis III, cette reine avait d'abord fait appel à Alphonse V, roi d'Aragon, dont la maison tenait la Sicile et avait ou prétendait avoir des droits sur Naples. Il était accouru avec une flotte. Il se heurta à l'adoption de son rival, qui l'obligea à se rembarquer. Sur le chemin du retour, pour se venger de sa défaite, il décide de s'en prendre à Marseille, le port du comté de Provence qui sert de point d'appui à celui qui lui a été préféré.

Informée de ses intentions, la ville prit quelques mesures défensives. Aix, siège du pouvoir local, envoya de maigres renforts. On mit le trésor de l'abbaye de Saint-Victor à l'abri. C'était le minimum. Confiante dans ses défenses, Marseille n'a pas, semble-t-il, pris au sérieux l'attaque annoncée. Les navires catalans arrivèrent le 20 novembre 1423 au matin. Avertie par les guetteurs, la ville ne fit rien pour les intercepter.

Les Catalans attaquèrent les défenses de la passe, qu'on renforça en y coulant un navire. Ils n'arrivèrent pas à occuper la tour Maubert, qui commandait la chaîne du côté de la ville. Impossible de pénétrer dans le port. Mais le roi d'Aragon, qui dirigeait lui-même les opérations, détacha une petite troupe, qui débarqua dans une anse située plus au sud (devenue l'anse des Catalans, vers 1760, en raison de son peuplement...), derrière l'abbaye de Saint-Victor. Elle prit le couvent à revers, atteignit la rive, s'empara d'un brigantin qui se trouvait là, puis de deux galères proches du bord. Les Catalans s'y embarquèrent. Le gros des soldats était de l'autre côté de la chaîne, dont les défenseurs, encerclés, se rendirent. On la rompit. Il était près de dix heures du soir. Les galères envahirent le port.

Il n'y avait pas de remparts sur la rive nord, ouverte sans défense à l'invasion. Les soldats incendièrent les maisons qui la bordaient. Il y avait un vent violent. Le feu se répandit partout, laissant à peine le temps aux habitants de se réfugier dans les églises ou de s'enfuir dans la campagne, et aux envahisseurs de vider les demeures abandonnées. La mise à sac fut complète. Le pillage et l'incendie durèrent trois jours.

Les anciens historiens parlent de quatre mille maisons brûlées, chiffre excessif. Ils prétendent qu'avant de reprendre la mer, les Catalans firent ripaille plusieurs jours dans les îles de la rade avec les provisions dont ils s'étaient emparés. Ils racontent que, pendant une semaine, des pillards venus des campagnes et des bas-fonds de la ville achevèrent de la dévaster en volant tout ce qui restait pour festoyer dans les ruines. Des forces envoyées d'Aix vinrent, un peu tard, les disperser et remettre un peu d'ordre dans Marseille détruite.

On ouvrit une enquête sur les pillages, puis on s'empressa de la clore par une amnistie générale. Les Catalans, dont beaucoup avaient fréquenté Marseille pour les besoins du commerce, avaient dû y bénéficier de complicités. La ville était une oligarchie où les plus riches faisaient la loi depuis des siècles. Son pillage prolongé pourrait bien avoir été doublé, sinon préparé, par une révolte des plus pauvres contre les nantis.

Les Marseillais qui avaient pu fuir ne se pressèrent pas de revenir. Le 26 mai 1424, la mère du comte Louis d'Anjou, qui résidait à Aix, leur ordonnait de le faire sous peine de confiscation de leurs biens. Pour aider à la reconstruction et au repeuplement de la ville, on accorda à ceux qui y retournèrent toutes sortes d'exemptions de taxes et d'impôts, et des délais pour rembourser leurs dettes. Le chapitre de la cathédrale offrit son trésor en garantie d'un emprunt. Ces mesures étaient nécessaires pour une ville où les destructions et le pillage s'étaient ajoutés aux effets de la peste du milieu du siècle précédent.

Le port avec sa chaîne restaurée, gravure *Du Supplément* aux *Chroniques* de J. P. de Bergame (1492).

Emportées par les Catalans en 1423, la chaîne du port décorent toujours un des murs de la cathédrale de Barcelone.

La ville restait quasi déserte. Le corps des patrons pêcheurs ne comportait plus que vingt-six membres.

Marseille cependant renaît peu à peu. Dès 1425, on arme un navire pour reprendre les liaisons avec le Levant. On arme des navires en course pour se venger de ceux qu'on appelle désormais « ces chiens de Catalans ». Ils organisent une expédition punitive, mais cette fois Marseille est sur ses gardes, ses défenses réorganisées. Après un mois de siège, le 5 juin 1431, on signe une trêve à Saint-Victor. Les deux camps avaient le même intérêt à ne pas prolonger une lutte néfaste à la sécurité de leur commerce.

Signe que l'oligarchie au pouvoir avait compris le sens d'une invasion trop facile et des pillages consécutifs, sans aller jusqu'à leur ouvrir le Conseil de ville, elle accepta une réorganisation de certains métiers. En 1428, quinze muletiers marseillais s'associent pour fonder une entreprise de transports rapides entre leur ville et Aix. Ils ouvrent un bureau d'information sur la place du marché aux poissons. En septembre 1430, les boulangers réorganisent et modernisent leur profession. En octobre 1431, les patrons pêcheurs sont autorisés à élire quatre d'entre eux pour régler leurs litiges en qualité de prud'hommes. Avec la reconstruction de la ville, qui a retrouvé 7 000 à 8 000 habitants en 1438, les métiers bougent et y prennent une plus grande importance.

Quand tout peut encore arriver...

Louis III meurt sans enfants en novembre 1434. Son frère cadet lui succède. C'est René d'Anjou, duc de Bar et de Lorraine – le fameux roi René. Les Etats de Provence lui votent une fois de plus des subsides pour l'aider à reconquérir le royaume de Naples, repris par Alphonse d'Aragon. Parti de Marseille le 22 avril 1438, le roi débarque à Naples le 19 mai. Après quelques victoires, il sera finalement battu et devra quitter le pays. Il est de retour en Provence en octobre 1442. Pour les comtes angevins, c'en est fini du royaume de Naples. René ne le sait pas encore. Il a rejoint le roi de France, Charles VII, son beau-frère, et lutte à ses côtés contre les Anglais. Il défend ses duchés de Lorraine et d'Anjou.

C'est pendant son absence, en 1444, que le dauphin Louis, futur Louis XI, venu en pèlerinage à la Sainte-Baume, découvre la ville en reconstruction et y reçoit un accueil enthousiaste. Peut-être y a-t-il déjà noué des contacts en vue de la formation d'un parti pro-français, favorable au rattachement au royaume de ce qui en deviendrait le grand port méditerranéen. La même année, grâce à la paix avec l'Angleterre, la France crée quatre foires annuelles à Lyon. Excellente affaire pour Marseille. Attirant une vaste clientèle, ces foires lui redonnent une place essentielle sur la grande ligne qui joint, par la vallée du Rhône, les centres commerciaux du Levant à ceux du Nord, jusqu'en Angleterre et en Flandres.

Jacques Cœur, grand argentier du roi de France, mais surtout homme d'affaires moderne et entreprenant, est en train de se constituer une flotte pour commercer en Méditerranée. Marseille lui paraît préférable, pour sa facilité d'accès, aux ports français d'Aigues-Mortes, qui s'est ensablé, et même de Montpellier, port d'attache de ses quatre navires. En février 1447, il les transfère à Marseille, dont il a obtenu de devenir citoyen. Il s'y fait bâtir une maison, vite entourée d'entrepôts, sur la place Neuve (actuelle place Victor-Gelu). Signe de sa réussite, il y paie des impôts considérables, bien utiles à une ville appauvrie.

Mais surtout la venue de ses galées et l'instauration, grâce à elles, de lignes régulières jouent un rôle décisif dans le renouveau du commerce de Marseille à un moment où on n'y armait et n'y recevait pratiquement plus de navires. Chaque année, les galées de France emportent marchandises et marchands vers les principaux ports d'Espagne, d'Italie, d'Afrique du Nord et surtout d'Orient, où le neveu de Jacques Cœur, Jean de Villages, est allé se concilier l'appui du sultan. De tous ces ports, les navires reviennent chargés vers Marseille, à laquelle leur activité apporte le coup de fouet nécessaire pour un nouveau départ. En 1449, Jean de Villages en est récompensé, par le roi René, du titre de grand amiral de son armée navale, en vérité quasi totalement perdue dans les guerres de Naples.

Au moment où Jacques Cœur installe sa flotte à Marseille, René d'Anjou revient en Provence et s'inquiète des incessantes incursions des navires catalans, qui dominent la Méditerranée. Il leur arrive de pénétrer dans la rade de Marseille et d'y enlever des pêcheurs. Une galère ose même pénétrer dans le port. A la place de la tour Maubert, ruinée en 1423, René décide de construire une fortification plus solide et plus efficace, la tour Saint-Jean. Commencée en 1447, elle s'élève toujours au bord de la passe, du côté de l'ancienne ville. Le roi contribue de ses deniers aux frais du nouvel édifice, conjointement avec la cité et surtout les pêcheurs du quartier voisin, premiers bénéficiaires de cette mesure de sécurité.

Pour favoriser le commerce, toujours en 1447, le roi René crée à Marseille, pour la Saint-Jean et la Saint-Martin, deux foires franches de toute imposition, qui doivent durer dix jours chacune. Un peu plus tard, le viguier organise la juridiction du commerce sur le modèle de celle des patrons pêcheurs. Les procès entre marchands seront désormais jugés sur le rapport de deux marchands élus.

Une galée, haut-relief en marbre, hôtel de Jacques Cœur à Bourges. Il transféra ses navires à Marseille dès avant l'union de la Provence à la France.

Quelques années après, le roi René autorise les marchands de Marseille à nommer deux d'entre eux pour juger des contestations commerciales, et trois pour juger en appel. Il a établi le premier tribunal de commerce du futur territoire français.

En 1453, René dirige une nouvelle expédition en Italie. Vainement. Il n'y retournera plus. Son fils Jean de

Calabre échouera pareillement de 1458 à 1462. On pourrait croire que Marseile va cesser d'être le point de départ de campagnes longues, coûteuses et inutiles, dont il n'est pas sûr que la ville ait tiré beaucoup de profit. Une dernière tentation va au contraire redonner, pendant quelques années, une force nouvelle à la vieille attraction, qui, d'est en ouest, avait un temps lié la Provence aux provinces espagnoles. Alphonse d'Aragon, celui-là même qui avait arraché le trône de Naples à René, a laissé la succession de Catalogne à son frère Jean II. On refuse de le reconnaître. A ses droits, on oppose ceux que le roi René tient de sa mère, Yolande d'Aragon. En 1466, on s'informe auprès de lui s'il serait disposé à envoyer son fils, Jean de Calabre, comme souverain du pays. René accepte. Appuyé par le roi de France, Jean de Calabre entre en vainqueur à Barcelone en 1467. Deux ans plus tard, il soumet l'Aragon. Au départ du fils de René pour la Catalogne, les Marseillais avaient fait des feux de joie. Ils ont maintenant de quoi se réjouir encore davantage. De leur humiliation de 1423, ils tiennent la plus belle des revanches.

La Provence redevient une partie d'un ensemble plus vaste. De son chef, René possède le duché de Bar et de Lorraine, provinces souveraines. En 1434, en même temps que la Provence, il a hérité de son frère Louis III un puissant apanage français, principalement l'Anjou et le Maine. Et voici que par le truchement de son fils, il commande maintenant là où régnait son principal ennemi. Il peut espérer voir bientôt de nouveau réunies à sa couronne celle de Naples et de Sicile, à laquelle il a désormais le droit de prétendre et comme Angevin et comme Aragonais. La Provence se trouverait ainsi au centre d'un vaste royaume, dangereux pour la France elle-même, dont Marseille serait le port privilégié. Tout cela fait de René un grand roi, au moins en puissance. Pour ses héritiers, sinon pour lui (il a soixante ans), tout paraît prêt à recommencer comme deux siècles plus tôt avec les premiers Angevins.

La mort de Jean de Calabre, à Barcelone, le 16 décembre 1470, brise toutes ces espérances. Les territoires conquis sont perdus ou abandonnés.

Une union inattendue à la France

Quittant son fief d'Anjou, sur lequel pèse la convoitise de Louis XI, son neveu, roi de France, René gagne la Provence. Comme il a laissé ses domaines lorrains à son petit-fils Nicolas, ses possessions se trouvent réduites à cette province, qui, pour la première fois, se trouve avoir un souverain pour elle seule et une totale autonomie. René s'installe à Aix, capitale de la Provence depuis les premiers Angevins, mais vient chaque année séjourner à Marseille deux ou trois mois, en général l'été. Sur la rive sud du port, il possède un vaste terrain, dont il fait un jardin de plaisance. Amateur de botanique, il fait des expériences sur les plantes, et y aurait amélioré le raisin muscat. Il allait s'y chauffer dans sa « cheminée », autrement dit au soleil. Tout cela a entretenu la légende du « bon roi René ».

A Marseille ou à Aix, il mène une politique active, orientée vers l'avenir. Il s'accorde notamment avec les souverains de Tunis et de Bône dans l'intérêt des marins marseillais. Il crée un corps de trois cents marins garde-côtes pour veiller à la sécurité du littoral. Il tente de donner un nouvel élan au port en y attirant, par une exemption de taxes, ceux qui voudraient y venir commercer sur terre ou sur mer. Soucieux de protéger la ville de la contagion, il organise un service sanitaire et un lazaret pour les quarantaines. Il promulgue un nouveau règlement municipal. C'est alors que les anciens syndics prennent le nom de consuls. Chacun des quarante-huit membres du Conseil est assuré de parvenir à cette haute fonction pendant un trimestre... Un mélange compliqué de cooptation et de tirage au sort assure le pouvoir à un groupe restreint d'hommes d'affaires.

Moins de deux ans après la mort de son fils Jean, René perd son petit-fils Nicolas. En ligne masculine, il n'a plus de descendants. En ligne féminine, il a René de Lorraine, fils de sa fille Yolande. Comme héritiers possibles, en remontant d'une génération, il y a Louis XI, le fils de sa sœur, et Charles du Maine, le fils d'un frère cadet décédé. Ce dernier s'impose si on exclut les filles, ce qui n'était pas l'usage en Provence, mais qui tend à le devenir maintenant que ce pays est gouverné par des princes français. A Marseille, le 24 juillet 1474, René rédige un testament où il donne son duché lorrain à son petit-fils, et le reste à Charles du Maine. Ce choix n'implique pas le prochain rattachement de la Provence et de Marseille à la France. A l'époque, nul ne pouvait prévoir la mort prématuré d'un héritier de trente-huit ans. Moyennant la cession de l'Anjou, apanage qui devra retourner à la couronne, le roi de France accepte par traité l'indépendance de la Provence sous la future souveraineté de Charles du Maine.

En juillet 1479, celui-ci succède à son oncle et vient aussitôt à Marseille, qui reconnaît sa légitimité. Il n'a pas eu d'enfants d'un premier mariage ; il se remarie. Louis XI l'aide à protéger la Provence contre les partisans de René de Lorraine. Les Marseillais fournissent des troupes à leur nouveau comte. A la mi-septembre 1480, quand il revient victorieux de sa campagne, ils l'accueillent triomphalement. Mais tombé brusquement malade, il meurt le 11 décembre 1481. La veille, devant le même notaire que son oncle, il a dicté son testament. Il y a désigné comme héritier le roi Louis XI, fils de Marie d'Anjou, sœur de son père et de son oncle René. C'était la solution la plus sage, celle qui assurait le mieux le pays contre l'aventure d'une guerre civile en Provence et d'une guerre étrangère avec la France.

Sous les Angevins, depuis deux siècles, Marseille suit le sort de la Provence. Elle a beau vouloir être libre, invoquer ses franchises et privilèges, ce n'est pas elle qui conduit la politique du comté, qui décide de la paix ou de la guerre, qui choisit les alliances, qui règle les successions. Terre adjacente, elle jouit d'une large autonomie dans le domaine des impôts et dans l'organisation communale, mais tout ce qui conditionne la sécurité ou l'insécurité de la mer, donc

Une des premières représentations de Marseille dans un livre imprimé, gravure sur bois du *Livre des chroniques* (en latin) de Hertmann Shæder (1493).

la prospérité ou le déclin de son commerce, dépend des aléas d'une politique de conquête ou de reconquête de la couronne de Naples, sur laquelle elle n'a pas de prise. Il aurait sans doute mieux valu pour Marseille être une république indépendante comme Gênes, sa rivale italienne, que le port provençal d'un royaume de Naples incertain. A la mort de Charles du Maine, elle qui a si souvent voulu être à part, se retrouve unie à la France avec le reste. Bon gré, mal gré, elle fait partie du lot.

Comme port, Marseille était ouverte sur le monde, accueillante aux marins et aux chefs d'entreprise. L'aventure italienne a amplifié ce mouvement, entraînant divers métissages. Obligés de rentrer en Provence, les Angevins ont ramené avec eux des habitants de leur royaume perdu. Ils y ont attiré aussi des Français. En favorisant le mélange d'hommes venus d'horizons différents, ils ont puissamment contribué à forger la nouvelle identité de la ville. A la différence des Grecs fondateurs de la cité, les Marseillais de ce temps-là ont été accueillants aux étrangers, qu'ils s'empressaient d'assimiler. Les nouveaux arrivants se retrouvaient bientôt dans leurs élites.

La Marseille des origines, la Marseille grecque s'appelait *Massalia*. Les Romains l'ont appelée *Massilia*. En provençal, c'est *Marsilho*. En 1489, dans une lettre, le roi parle de son « amé et féal conseiller, l'évêque de *Marseille* ». La ville a désormais un nom français.

Le changement dans la continuité

L'union de Marseille et de la Provence à la France n'est pas une annexion. Elle se fait dans les formes, avec plusieurs réunions à Aix des états de la province, qui entérinent le legs de Charles du Maine et l'assortissent de conditions que les représentants du roi de France admettent ou négligent selon l'état des forces en présence. Pour finir, Charles VIII, successeur de Louis XI, accepte en mars 1486 un « acte d'union », entériné par les Provençaux en avril 1487. Dans les terres léguées par Charles du Maine, le roi de France ne commande que comme comte de Provence, ce pays conservant en principe l'essentiel de ses privilèges et institutions. Marseille y reste une entité distincte, conservant elle aussi les libertés et franchises consignées dans ses Statuts et dans les Chapitres de paix. Le roi ne peut y commander qu'en qualité de seigneur de Marseille.

Une bonne part de l'histoire ultérieure de la province et de la ville s'inscrira dans un mouvement contradictoire : les rois de France s'efforcent d'unifier les institutions et d'agir en Provence comme dans les anciennes provinces du royaume. Les Provençaux tentent d'imposer le respect des clauses de l'acte d'union. L'uniformisation sera lente. Elle n'est pas encore achevée quand survient la Révolution française, et Marseille est la ville de Provence qui a le plus longtemps et le plus fortement résisté aux empiétements du pouvoir central.

Non qu'elle ait été hostile à l'union. Sous l'influence de l'importante famille des Forbin, les Marseillais l'ont au contraire largement favorisée, et c'est l'un de ses membres, Palamède, habile négociateur, que Louis XI a tout de suite nommé gouverneur pour le représenter en Provence et y faire « tout ainsi » qu'il ferait lui-même. Dès le 19 janvier 1482, il s'est rendu à Marseille, qui a demandé et obtenu de menus privilèges. L'essentiel, la liberté du commerce, elle l'avait déjà obtenu quelques jours plus tôt à une assemblée tenue à Aix.

Plus de taxe à l'importation ou à l'exportation sur les navires circulant entre la Provence, l'Italie et la Catalogne. Liberté aux navires étrangers d'aborder dans le port. Libre accès des navires provençaux dans tous les ports français. La Provence est devenue le grand débouché français sur la Méditerranée, et Marseille son port principal. Louis XI y transfère sans tarder les galées de France. La ville a désormais vocation à devenir l'entrepôt des produits d'Orient pour toute l'Europe occidentale.

Dans l'immédiat, elle redevient le point d'appui de nouvelles expéditions militaires en Italie. Aux droits des comtes de Provence sur le royaume de Naples, les rois de France ajoutent diverses prétentions sur le Milanais. En 1494, Charles VIII conquiert Naples. Les navires de Marseille assurent les liaisons. Mais le rêve italien tourne court une fois de plus. Louis XII reprend la tentative de son père, dernier souverain français à conquérir cette ancienne capitale des comtes angevins. Il la perdra presque aussitôt. Les galères marseillaises sont presque toutes détruites en soutenant sa retraite en 1503. Sans se décourager, le roi reconstitue la flotte et développe le port militaire. C'est le temps des corsaires, qui pourchassent l'ennemi en Méditerranée depuis Marseille, qui s'y enrichit. Mais la guerre tourne mal. En juillet 1512, on s'attend à une invasion des ennemis. Elle n'eut pas lieu. Ce n'était que partie remise.

A peine monté sur le trône, François Ier part à son tour guerroyer en Italie. En septembre 1515, c'est la victoire de Marignan. Il vient avec sa cour la fêter magnifiquement à Marseille. Il décide de renforcer les défenses de la ville en fortifiant l'île d'If. La guerre reprend. En 1524, la Provence est envahie par des troupes que commande le connétable de Bourbon, rebelle à son roi. Aix apporte ses clés à l'ennemi. Marseille, fidèle à la France, accepte de voir ses faubourgs rasés pour préparer la résistance. Elle sort victorieuse d'un siège sévère de trente-huit jours. Elle s'est montrée digne de sa réputation de ville imprenable. Tout le monde s'est mobilisé. Des femmes ont travaillé à renforcer les fortifications.

Une escadre turque dans le port de Marseille (1543).

Pressé de parachever la défaite du connétable, François Ier le poursuit dans le Milanais, qu'il reconquiert. Il se fortifie dans Pavie. Il y est vaincu et fait prisonnier. On le transfère par mer d'Italie en Espagne. Des galères marseillaises servent d'otages.

Libéré, François Ier reprend la lutte en Italie. Sans succès. En octobre 1533, il est de nouveau à Marseille, où il accueille le pape, venu y conduire sa nièce Catherine de Médicis, qui épouse un des cadets du roi. Personne ne s'imagine que ce cadet succédera un jour à son père sous le nom d'Henri II. Ce mariage et ces rencontres sont l'occasion de fêtes somptueuses. Mais le pape meurt l'année suivante.

Par un changement d'alliance inattendu, au grand scandale de l'Europe chrétienne, François Ier s'allie contre Charles Quint avec les Turcs pour prendre l'Empire à revers. Les Marseillais ont la surprise de voir les négociateurs étrangers débarquer dans leur port avant de prendre la route vers la cour. Ces préliminaires aboutissent à la venue pacifique de Barberousse et de ses galères turques dans la rade de Marseille (1543), et surtout à des traités qui assurent à la ville une situation privilégiée dans le commerce méditerranéen. Marseille redevient la porte de l'Orient.

En juin 1536, c'est de nouveau la guerre. Charles Quint envahit la Provence avec une importante armée qu'il conduit en personne. Fin juillet, il est à Aix. Il s'y proclame comte de Provence et distribue les fiefs locaux à ses capitaines. Le 19 août, il est devant Marseille, que sa flotte bloque du côté de la mer. La ville refuse de se rendre. Le 11 septembre, l'Empereur s'en va. Tout s'est passé comme s'il avait cru être accueilli en seigneur légitime du comté de Provence et en libérateur. Marseille le reçut en ennemi. A deux reprises, devant l'invasion, elle a délibérément choisi le parti de la France. En avril 1559, la paix de Cateau-Cambrésis met un terme définitif aux prétentions françaises dans le Milanais, inutilement repris par Henri II. C'est la fin d'une aventure mouvementée à laquelle Marseille s'est constamment trouvée mêlée pendant près de trois siècles.

Commerce et religion

Devant la montée de la Réforme, Marseille se déclare en bloc fidèle à la religion catholique. Elle refusera toujours d'enregistrer les édits royaux de tolérance, y compris celui de Nantes. En 1585, dans un nouveau règlement municipal, qui accentue le caractère oligarchique du gouvernement de la cité au profit de la partie la plus riche de l'aristocratie, elle introduit une clause, qu'elle n'abrogera jamais : « Nul ne pourra entrer en la maison commune de la ville de Marseille en quelque charge que ce soit s'il n'est de la religion catholique, apostolique et romaine. »

Préférant à l'aventure des guerres civiles la tranquillité indispensable aux affaires, elle ignore pourtant de son mieux les luttes religieuses. Elle n'intervient que rarement et de loin, par des envois de troupes, dans les combats sanglants qui divisent le reste de la Provence. Elle profite de la paix extérieure pour développer son commerce. En 1569, conséquence de l'alliance avec les Turcs, le sultan Selim II accorde des « capitulations » qui obligent tous les Européens (sauf les Vénitiens) se rendant dans ses Etats à le faire sous pavillon français. Les Marseillais en sont les bénéficiaires quasi exclusifs.

Le climat de la ville change en 1584, quand le huguenot Henri de Bourbon devient seul héritier du trône de Charles IX. Des luttes civiles entraînent des violences. Pour la première fois, il y a des morts. En 1591, Casaulx prend le pouvoir au nom de l'intransigeance religieuse de la Ligue. Son pouvoir affermi, il s'en sépare pour gouverner à sa guise. Il s'appuie sur le peuple contre la bourgeoisie commerçante. Reprenant l'ancienne tradition, il voudrait faire de Marseille une cité indépendante. Pendant cinq ans, sous sa dictature, la ville se ferme aux autorités légitimes.

Entrée des troupes françaises dans Marseille lors de l'assassinat de Casaulx, gravure de Zinzerlig (ville et abbaye inversées par rapport au port).

Dédaignant les propositions d'accord du roi pourtant converti au catholicisme, Casaulx ne craint pas, en décembre 1595, de faire appel à l'Espagne pour soutenir la liberté marseillaise. En février suivant, il est assassiné par Libertat, au grand soulagement de tous ceux qui aspiraient à voir le commerce reprendre. Apprenant la nouvelle, et que Marseille s'est soumise sans difficultés, Henri IV se serait, dit-on, exclamé : « C'est maintenant que je suis roi de France ! »

Une fidélité maladroite

Casaulx avait laissé une énorme dette publique, dont le remboursement divisa Marseille. A la tête des mécontents, qui en exigeaient l'abolition contre ceux qui en programmaient l'amortissement, la puissante famille de Valbelle profita de la situation pour s'emparer du pouvoir. A partir de 1610, Barthélémy, Côme son neveu, puis Antoine, fils de Barthélémy, y détiennent « la principale autorité ».

En 1643, Antoine n'hésite pas à s'opposer au gouverneur, le comte d'Alais. Obligé de quitter la ville en juin 1649, il profite des troubles de la Fronde, qui affaiblit le pouvoir royal, pour y reprendre le pouvoir en mars 1650. Il reçoit à coups de mousquet les troupes envoyées par Alais, qui est suspendu de ses fonctions.

Victorieux, le parti de Valbelle établit, en mai 1652, un nouveau système électoral, « le règlement du sort », où le hasard sert surtout à maintenir une cooptation favorable à la coterie en place. Valbelle et ses amis ont du moins eu la sagesse d'assurer l'ordre dans la ville et de rester fidèles au roi, alors qu'Aix et le parlement se sont engagés du côté des frondeurs.

Mais Valbelle meurt en novembre 1655. Niozelles, qui lui succède, ne voit pas qu'avec Louis XIV, désormais triomphant, un loyalisme de principe ne suffit plus, et qu'il faut se soumettre à la loi commune. Les Marseillais ont le tort de molester Vendôme, le nouveau gouverneur de Provence, venu en janvier 1659 garantir la régularité des élections, puis d'accueillir et de protéger des Aixois séditieux et surtout, crime de lèse-majesté, de lacérer un document signé du roi, ordonnant à Niozelles de venir à Aix s'expliquer sur sa conduite.

La porte Réale, et l'ancien mur, dans lequel Louis XIV fit ouvrir une brèche pour pénétrer dans la ville, gravure d'Israël Sylvestre (1655). De face, le long du mur s'étendra le côté ouest du cours Belsunce, et à gauche, perpendiculairement, l'actuelle Canebière.

Paradoxe étonnant : la ville la plus anciennement fidèle à la France, qui n'avait pas bougé pendant la Fronde, apparaît comme une ville rebelle maintenant que le royaume est entièrement pacifié.

Louis XIV à Marseille

De la frontière espagnole où il vient de signer avec l'Espagne le traité des Pyrénées, Louis XIV s'en vient en Provence faire reconnaître sa puissance. Il s'établit à Aix du 18 janvier au 16 mars 1660. De là, il envoie des troupes à Marseille, au mépris de ses privilèges reconnus, et ordonne de pratiquer une brèche dans ses célèbres remparts.

Le 2 mars, il se rend dans la ville, refuse les clés d'or que les consuls lui présentent selon l'usage, par l'intermédiaire du viguier, près de l'entrée principale, dite « porte Réale ». C'est là que ses prédécesseurs devaient, en pareil cas, jurer avant d'entrer de respecter les libertés et franchises communales. Il pénètre dans Marseille par la brèche comme dans une ville conquise.

Sans aller à l'hôtel de ville, il promulgue le 5 mars un nouveau règlement destiné à assurer à l'autorité royale le contrôle des élections. Au lieu de trois consuls, Marseille aura deux échevins, l'un pris chez les négociants, l'autre chez les marchands. La noblesse, qui les a si longtemps monopolisées, est exclue des principales charges municipales au profit du commerce. La ville devra assainir ses finances et accepter comme les autres les exigences fiscales de la monarchie. La plus ancienne ville de la France perd une bonne part de ses privilèges. Elle garde celui de répartir les impôts.

Par une destinée singulière, le règlement aboli, « le règlement du sort » destiné à assurer le contrôle du pouvoir à une coterie oligarchique, se transformera avec le temps, dans l'imaginaire collectif, en symbole de l'antique liberté perdue. Des cahiers de doléances, en 1789, en réclameront le rétablissement.

Dès avant la venue de Louis XIV, Clerville, ingénieur des bâtiments du roi, était allé tracer, sur la rive sud du port, le site d'une citadelle capable d'en garder l'entrée, et

L'Arsenal et ses galères. On aperçoit le Pavillon, dont une rue garde encore le nom.

aussi de tenir la ville en respect en cas de besoin. C'est l'actuel fort Saint-Nicolas. Commencés le 11 février, les travaux durèrent quatre années.

Le bord de la passe situé du côté de la ville était fortifié depuis longtemps. On avait pour cela utilisé le site naturel de la Tourette. Très différent de celui d'aujourd'hui, ce site formait une esplanade où les hospitaliers de Saint-Jean de Jérusalem avaient bâti leur commanderie et une église. On les expulsa, comme les propriétaires des maisons voisines. Selon la volonté du roi, de 1668 à 1671, Clerville y bâtit un fort, que Vauban renforça en 1679 par le creusement d'un large fossé inondable qui permettait de l'isoler de la ville. Demeuré intact jusqu'en 1944, le fort Saint-Jean subit de graves dégâts quand les Allemands firent sauter les magasins qu'ils y avaient installés.

Les Marseillais, qui avaient compris que les nouveaux forts étaient bâtis pour les surveiller autant que pour les garder des ennemis venus du large, eurent du mal à accepter l'occupation louis-quatorzienne. Eux qui avaient été les premiers à soutenir l'union à la France devinrent plus que les autres hostiles aux « Franciots ». Esclave chez les

Barbaresques, un Marseillais ne répondit pas quand on fit l'appel des Français, qu'un envoyé du roi était venu racheter : « Et toi, lui demanda-t-il, tu ne dis rien ? – Je ne suis pas Français, aurait-il répondu ; je suis de Marseille. »

En 1488, on avait édifié dans le coin sud-est du port, occupé traditionnellement par les chantiers navals, de grands hangars, appelés terceneaux, pour y remiser des galères. En 1512, on en ajouta d'autres sur la rive sud (quai de Rive-Neuve). Marseille est désormais dotée d'un véritable arsenal. Sous Henri II, l'armée navale compte 42 galères, toutes appartenant au roi de France, plus que n'en aura Louis XIV. Elles voisinent avec les navires de commerce (55 bâtiments de haute mer et 200 petits navires à la fin du XVIe siècle), déchargés traditionnellement sur le côté du port qui longe la ville. En 1512 aussi, on y bâtit enfin un quai.

Sous l'impulsion de Nicolas Arnoul, nommé par Louis XIV intendant des galères en 1665, l'arsenal, où il n'y avait plus qu'une douzaine de navires en 1568 et aucun lors de la venue du roi, connaît un nouvel et fulgurant essor. Entièrement reconstruit, il sera plusieurs fois agrandi pendant les vingt-cinq années suivantes. En arrivant par mer, on découvrira désormais dans le port un ensemble monumental à la mesure du Grand Siècle. Avec ses 28 galères en 1676, portées à 41 en 1692, l'arsenal, dont les magasins harmonieux s'étendent maintenant sur une grande partie du quai de Rive-Neuve, devient une curiosité pour les voyageurs.

On admire la beauté du parc Royal, dominé par le haut pavillon de l'horloge (au bout de l'actuelle rue Pavillon), la richesse de la maison de l'intendant, dite maison du Roi (non loin de l'actuel opéra), la beauté de ses jardins ornés de plantes exotiques, la profusion des armes et des munitions somptueusement mises en valeur dans quatre galeries, l'étendue des ateliers où l'on fabrique de la toile et du drap, la magnificence des galères et particulièrement de la Réale, opposée à la misère des galériens.

Bordé sur toute sa longueur par un mur qui s'avançait à l'est jusqu'à la hauteur de l'actuelle place de la Bourse, l'arsenal fut pendant près d'un siècle comme une ville dans la ville. A eux seuls, forçats et soldats des galères représentaient 20 000 personnes, plus du quart de la population de Marseille (45 000 en 1660 ; 75 000 en 1720).

Un port mondial

En 1666, Arnoul se plaint de l'envasement du port qui, du côté de la ville, n'a une profondeur suffisante que sur la moitié de sa longueur et, du côté de Rive-Neuve, ne dépasse pas un pied et demi (50 centimètres). Il fait construire des machines pour le curer. Les canaux qui servent de passages sont élargis et approfondis. « Hier, écrit-il en 1671, il y passa un vaisseau malouin où il y a plus de cent ans qu'il n'y en avait passé, dont tout le monde fut étonné. » C'est un étranger à la ville qui met son énergie à rendre tout le port navigable. Il faudra attendre Morainville pour qu'entre 1781 et 1792 les derniers hauts-fonds disparaissent et que le plan d'eau devienne enfin tout entier accessible.

En préambule du nouveau règlement municipal, Louis XIV justifiait ses réformes en proclamant qu'il lui avait fallu chasser ceux qui « s'étant emparé du gouvernement public, détruisaient entièrement le commerce si florissant autrefois, éloignant, par les désordres de leurs factions et cabales, les étrangers de leur port ». Il était venu en force pour « rétablir la sécurité publique », et ainsi « assurer le commerce par un calme qui ne puisse jamais être altéré ». A ce prix seulement, tandis que les galères assureraient la sécurité de la mer, Marseille pourrait pleinement remplir sa vocation de grand port méditerranéen de la France.

Pour encourager le commerce maritime, Colbert prit des mesures importantes, tel l'édit du port franc en 1669 : les barrières douanières du royaume étaient repoussées hors de la ville, qui pouvait ainsi jouer pleinement son rôle traditionnel d'entrepôt d'import-export. Bien plus, Marseille recevait un quasi-monopole pour les marchandises provenant du Levant. On n'y payait pas la taxe de 20 % exigée dans les autres ports. Ces mesures n'auraient sans doute servi à rien sans le dynamisme des négociants et des marins marseillais qui les avaient sollicitées. C'est à eux que Marseille doit l'essor qui, en deux siècles, transforme totalement la nature et le montant de son trafic.

De quelques dizaines, les grands navires passent à plusieurs centaines, la valeur totale des cargaisons d'une dizaine de millions de livres à 230 millions. Surtout, de port encore presque uniquement méditerranéen au XVIIe siècle, Marseille devient au siècle suivant un port mondial. Ses navires voguent désormais aussi dans l'Atlantique, et même dans l'océan Indien. Symbole de la vocation internationale du grand commerce marseillais, le *Solide* fait le tour du monde en 1790. Premier navire portant pavillon français à réaliser cet exploit, il appartenait aux frères Baux, armateurs de Marseille.

L'appât du gain n'est pas sans revers. En mai 1720, de peur de perdre une précieuse cargaison, dans un climat général de relâchement de la surveillance prévue contre une épidémie qui n'a plus sévi depuis un siècle, l'intendance sanitaire n'interdit pas l'entrée du port à un navire suspect, le *Grand-Saint-Antoine*. La peste durera jusqu'en novembre 1722, isolant Marseille par terre et par mer du reste de la France et du monde. On évalue à 50 000 le nombre des morts, la moitié de la population. Le commerce survit pourtant, et en quelques années, grâce à l'immigration, la ville retrouva sa population et son dynamisme.

A la veille de la Révolution, 20 % des Marseillais vivent de la terre, ce qui est peu pour l'époque. Sur les 23 000 hectares du terroir, 12 000 à 13 000 seulement sont exploités, presque tous en arbres fruitiers, en vignes ou en blé. En ces lieux où l'eau était rare, jardins, prés et terres labourables n'occupaient qu'un millier d'hectares.

Marseille continue de dépendre presque entièrement de la mer. A ses 800 marins pêcheurs établis au quartier Saint-Jean, autour de l'église Saint-Laurent, il faut ajouter 1 500 navigateurs et tous ceux qui exercent des métiers liés à l'activité maritime, de la construction des navires à la fabrication des emballages. Et tous les métiers du négoce. Depuis toujours, les Marseillais sont surtout des marchands.

Marseille devient une grande ville

Il fallut se résoudre, en 1648, à constater que la maison de ville menaçait ruine. Sur des fondations abandonnées en 1651, après plusieurs concours lancés de 1663 à 1666, le nouveau bâtiment n'a été achevé qu'en 1673. Encore n'avait-on rien prévu de convenable pour accéder au premier étage, où se trouvait la salle du Conseil. On passait par l'escalier d'une maison voisine, reliée à l'hôtel de ville neuf par une passerelle en bois. On ne la remplaça qu'en 1786 par l'arcade voûtée que l'on peut encore admirer aujourd'hui. La rampe en marbre de l'escalier date de 1816.

Restaurée en 1842 et en 1914 mais sans modifications importantes, la mairie n'est pas l'œuvre de Pierre Puget, qui a seulement sculpté un médaillon pour le dessous du balcon de la façade, mais de son frère Gaspard, architecte de la ville. Pierre avait concouru et proposé un projet grandiose. Le Conseil de la ville lui préféra une construction plus modeste, d'un baroque sobre et harmonieux.

Le 5 avril 1599, le Conseil avait nommé quatre commerçants pour former un bureau qui étudierait et contrôlerait les affaires commerciales et maritimes. Un an plus tard, des lettres patentes du roi Henri IV approuvèrent cette création. La première chambre de commerce de France était née. Cinquante ans plus tard, elle acquit sa pleine indépendance quand le soin de choisir les députés fut transféré aux commerçants eux-mêmes, avec un budget séparé de celui de la ville.

Depuis longtemps, négociants et courtiers se réunissaient dans une rue voisine du port. Au milieu du XVIIe siècle, ils s'installèrent dans une salle du rez-de-chaussée de l'hôtel de ville, la « loge ». Ils ne la quittèrent qu'en 1841 pour s'installer dans un baraquement provisoire situé place Royale (aujourd'hui place Général-de-Gaulle). Le commerce mettra encore plus de temps que le Conseil municipal à s'installer dans des murs neufs. Commencé en 1852, le palais de la Bourse sera inauguré sous le Second Empire en 1860. Parcimonieux, les notables marseillais n'aimaient pas les dépenses de prestige. Ils pensaient ne pas avoir besoin de beaux et vastes locaux pour réussir de bonnes affaires.

La ville soumise par Louis XIV avait à peu près conservé les limites de la ville conquise par César. A peine était-elle passée de 50 à 67 hectares, le rempart s'étant légèrement avancé vers l'est. Pendant vingt-trois siècles, Marseille est restée tout entière contenue dans le même triangle étroit, sur les pentes de ses trois collines. Il n'y avait pas là de place pour l'urbanisme.

Sur les instances de Nicolas Arnoul, qui était l'homme de Colbert, le roi signa en juin 1666 des lettres patentes ordonnant « l'accroissement » de Marseille. L'idée n'est pas venue du roi, mais de promoteurs locaux, dont l'intendant soutint fermement le projet à la cour. Il fallait, disait-il, que « tous les étrangers qui voient Marseille et qui ne voient qu'elle » en partent « pleins de la puissance, de la grandeur et de la magnificence » du maître d'une telle ville.

D'un trait de plume, la surface de Marseille tripla soudain, passant à 195 hectares. Malgré la pression des membres du Conseil de ville, affolés et hostiles, le parlement d'Aix enregistra la décision le 6 décembre. Dès le 8 juin précédent, Arnoul avait conclu le contrat de démolition de l'ancien rempart.

On n'en gardait que le départ, de la Joliette à l'actuelle porte d'Aix, où se trouverait désormais la porte principale. Puis le nouveau mur (un mètre de large et quatre de haut au lieu de quatre sur dix), s'élèverait où subsiste aujourd'hui une ceinture de boulevards, enfermant le nouvel arsenal et rejoignant le bord sud de la citadelle Saint-Nicolas. Au lieu de 700 maisons dispersées à l'aventure dans des faubourgs, une nouvelle ville allait naître, selon ce que nous appellerions aujourd'hui un plan d'urbanisme.

La pièce maîtresse en était le Cours, tracé sur les lices du grand côté de l'ancien rempart. C'est l'actuel cours

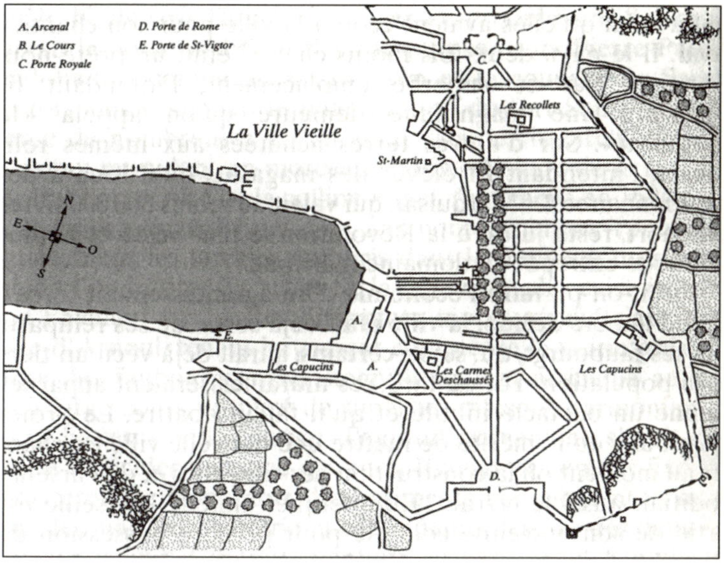

Plan géométrique de l'agrandissement dit de Louis XIV, où apparaît nettement l'importance du Cours, pivot de l'adjonction aux vieux quartiers (non dessinés) d'une nouvelle ville au découpage géométrique.

Belsunce, dont ne subsistent, mutilées, que des maisons du côté est. Large de 40 mètres, il offrait sur 300 mètres une double rangée d'arbres encadrant une promenade qu'entouraient deux contre-allées pour la circulation. Deux belles rues le prolongeaient à chaque extrémité en ligne droite, ouvrant une perspective de près d'un kilomètre. Pendant deux siècles, les voyageurs le considéreront comme le plus beau cours d'Europe. A l'étroitesse et à la saleté des rues de la vieille ville, ils se plairont à opposer la propreté de la nouvelle, avec ses rues bien alignées, ses maisons aux belles façades, son habitat formé de « gens de condition ».

Grâce à la volonté royale, Marseille a, longtemps avant les autres cités du royaume, cessé d'être un bourg médiéval pour devenir une ville moderne.

Marseille avait de longue date doublé l'agglomération urbaine d'une seconde ville, constituée de bastides dispersées dans la vaste étendue de son terroir. Les voyageurs, surpris, en comptaient jusqu'à 12 000. Arnoul, qui blâmait les Marseillais de préférer à leurs affaires le divertissement de ces « méchants trous de maisons », en comptait 8 000, autant que de maisons de la ville. Il n'y en avait que 4 000. Si les deux tiers étaient de modestes abris, les autres étaient de belles et confortables demeures, correspondant à un art de vivre incompris de l'intendant, qui voulait faire de Marseille une « vraie » ville.

Absorbées par l'expansion urbaine, les bastides ont presque toutes disparu. On a conservé à Bonneveine celle de Louis Borély, négociant enrichi à Alexandrie. Il l'a voulue plus belle que toutes les autres, un vrai château bâti au XVIIIe siècle à la place des constructions plus humbles de ses pères dans un magnifique décor de parterres et de pelouses. La confortable et modeste demeure où les Marseillais d'autrefois allaient se délasser s'est ici transformée en palais, symbolisant le commerce et la mer. Après avoir acquis ce domaine de 1856, la ville y installa une fontaine représentant le percement de l'isthme de Suez.

En 1749, les dernières galères quittent Marseille pour Toulon. L'arsenal devient inutile, magnifique occasion d'une nouvelle grande opération d'urbanisme qui se déroulera après la cession des lieux à la ville conclue en 1781. On avait, dans l'intervalle, songé à de nouveaux agrandissements. Les autorités municipales objectèrent les espaces qui restaient disponibles à l'intérieur des murs. Mieux valait retenir la population dans le centre urbain que de la disperser dans la périphérie.

Charles Thiers, archiviste communal, fit le plan du nouveau quartier. Il le voulait avec de larges rues et de vastes espaces libres. Mais les Marseillais, soucieux de ne pas perdre de terrain, fixèrent à seulement 10 mètres la largeur des rues ordinaires et à 12 celle du quai de Rive-Neuve et de la rue Vacon qui le prolongeait. Et il fallut un arrêt du Conseil royal pour imposer une place carrée (c'est la place Thiars) au centre de l'aménagement.

Le même arrêt obligea à prévoir l'emplacement d'une grande salle de spectacle. On alla vite. Commencée le 14 juillet 1786, elle fut inaugurée le 31 octobre 1787. Détruite en novembre 1919 par un incendie, elle a été

Le Cours au XVIIIe siècle, admiré comme un des plus beaux de l'Europe.

reconstruite au même endroit de 1921 à 1924. Le nouveau théâtre a conservé les colonnes et le péristyle de l'ancien. Il donnait sur une belle place, qu'on décida de faire communiquer avec la Canebière par la rue Beauvau, dont la largeur fut exceptionnellement portée à 13 mètres 50. Elle devint le centre des affaires quand les négociants marseillais eurent enfin accepté, sous la Restauration, de quitter après plusieurs siècles, les quais étroits de la vieille ville pour s'installer dans le nouveau quartier.

Marseille enfin française...

Malgré son caractère spectaculaire, la réforme opérée par Louis XIV en 1660 ne modifia pas profondément les institutions marseillaises. Les transformations essentielles avaient été faites avant, certaines très tôt, quand la Provence et Marseille avaient par exemple perdu, dès 1487, le droit de battre monnaie. Ou, malgré certains privilèges concédés à la ville (droit pour ses habitants d'être jugés sur place), quand la Provence avait été dotée d'un parlement (1502). L'édit de Villers-Cotterêts décide en 1539 que tous les arrêts, procédures et actes passés devant notaires devront être en français, y compris évidemment les comptes rendus des délibérations municipales. Ainsi commence et va se développer une lente assimilation culturelle, qui ira des élites au peuple.

Quand Louis XIV vient à Marseille, cela fait longtemps que la ville ne décide plus de sa politique étrangère. La paix ou la guerre, et les traités de François Ier et ses successeurs avec les Turcs, conditionnent son commerce. C'est du pouvoir central seul que dépend la réglementation de ses échanges. Marseille a la chance d'en avoir obtenu et de conserver des privilèges qui la favorisent.

Le roi a mis une garnison dans la ville au grand dépit des Marseillais. Elle assurait du moins sa sécurité contre les incursions extérieures, comme les galères de l'arsenal, qui mirent fin à la piraterie. Il obligea la ville à contribuer aux dépenses du royaume, et lui vendit fort cher la relative autonomie qu'elle conservait. Mais il laissa au Conseil de ville le soin de fixer l'assiette des impôts locaux et leur mode de perception. C'était tout ce que souhaitait l'oligarchie en place.

Elle continua à refuser tout impôt sur les biens immobiliers, sur les revenus, sur la fortune, sur tout ce qui aurait pu toucher principalement les riches. On ne payait que des impôts indirects (des « piquets ») sur les biens de consommation les plus élémentaires, la farine, le vin, le sel. Impôts injustes, puisqu'ils étaient supportés par le grand nombre des plus pauvres au même titre que par la minorité des plus riches. Cette situation entraîna plusieurs graves émeutes au XVIIIe siècle. Sans résultats.

La Révolution éclate à Marseille le 23 mars 1789. C'est une émeute contre la cherté du pain, une révolte contre l'injustice fiscale. On attaque la maison du fermier général des impôts indirects détestés. Alors, pour la première fois depuis des siècles, les échevins convoquent une assemblée municipale élargie. Elle comprend les membres du tiers état qui venaient d'être élus pour désigner les représentants de la ville aux Etats généraux. A l'indéracinable oligarchie se substitue un Conseil où figurent des représentants de l'artisanat, de la boutique et de la terre. Le mouvement révolutionnaire est en marche à Marseille dès avant l'ouverture des Etats généraux à Paris.

C'est à Paris pourtant, le 4 août 1789, que se déroule l'événement capital, celui qui va faire de Marseille une ville française comme les autres. L'Assemblée constituante vient d'abolir les privilèges de la noblesse. Des voix s'élèvent pour demander l'abolition de tous les privilèges, y compris ceux des provinces et des villes. C'est une révolution aussi complète qu'inattendue. Désormais, explique-t-on, les Français seront tous « soumis aux mêmes lois, gouvernés par les mêmes principes, pénétrés par les mêmes sentiments ».

Dans l'enthousiame général, les députés de Provence et de Marseille votèrent comme les autres l'abolition de leurs privilèges. Ils étaient bien embarrassés. On les avait expressément élus pour en demander la confirmation et le renforcement. Dans une lettre à leurs compatriotes, ils expliquent que « cette renonciation est un avantage réel », que tous les Français vont jouir des mêmes droits, et que la liberté de chacun « devient inattaquable, appuyée sur la liberté générale ». Le 5 novembre, le Conseil de ville entérine le vote parisien et prononce la renonciation solennelle de Marseille à tous ses privilèges, qui seraient « un obstacle à la parfaite égalité des droits entre les citoyens ».

Ce jour-là, date capitale, les Marseillais abandonnent, au nom de l'idéal nouveau, les droits et les « franchises » si ardemment défendus pendant des siècles. Ce ne sont pas

Statue de la Liberté dans un décor dressé sur le Cours.

tout à fait les mêmes Marseillais. Le Conseil, ce jour-là, a été élargi aux élus des pères de famille. Le peuple de Marseille a enfin compris que l'oligarchie n'a si longtemps défendu les privilèges de la ville que pour mieux garder le pouvoir, et défendre ses propres intérêts sans se soucier de ceux du plus grand nombre.

Désormais, dans tous les domaines, Marseille suivra le sort commun, pour les impôts comme, avec de menues variantes, pour ses institutions municipales. Elle sera une ville de France comme les autres dans un département dont elle revendiquera de devenir le chef-lieu. Elle n'est plus une « terre adjacente », mais une ville ancrée en France, de plus en plus reliée à son arrière-pays.

Mort et résurrection (bis)

Les affrontements révolutionnaires ont été particulièrement violents à Marseille. D'abord à la pointe de la lutte, ses « missionnaires » n'hésitent pas, en 1791 et 1792, à intervenir en Provence pour répandre les idées de la Révolution à Avignon, Arles, Aix, Apt, Sisteron. Le 20 juin 1792, « six cents hommes sachant mourir », les Fédérés, montent à Paris dans le même esprit de prosélytisme. Ils y portent *la Marseillaise*, chant de guerre de l'armée du Rhin, qu'ils avaient appris d'une délégation montpelliéraine à la Société des Amis de la Constitution, rue Thubaneau.

Bientôt pourtant les « sections » de la ville s'opposent aux clubs et défendent le fédéralisme girondin contre le jacobinisme centralisateur. Lorsque la Convention, le 2 juin 1793, exclut les chefs de la Gironde, Marseille rejette l'autorité de l'Assemblée, lève une armée insurrectionnelle et s'empare d'Avignon, favorable aux Jacobins. Vaincue par les troupes de Carteaux, elle est envahie le 25 août. Ce seront dix mois de terreur. La guillotine fonctionne en permanence sur la Canebière : 351 exécutions jusqu'en avril 1794.

Représentant de la Convention, Fréron débaptise Marseille, qui devient la « Ville Sans-Nom ». On le soupçonne d'avoir voulu combler le port avec les débris de Notre-Dame de la Garde ! Il a largement contribué à faire de Marseille une ville sans monuments en détruisant une vingtaine d'édifices anciens parce qu'ils avaient abrité les sections contre-révolutionnaires, telle l'église des Accoules dont seul subsiste le clocher. Il élimine les jacobins locaux au profit de cadres venus de Paris. Il pense la ville « incurable à jamais, à moins d'une déportation de tous les habitants ». Il s'irrite de l'originalité marseillaise.

Après son départ, la ville retrouve son nom le 12 février 1794. La chute de Robespierre y déclenche une réaction contre-révolutionnaire extrêmement sanglante. Le 10 mai, des sabreurs marseillais vont jusqu'à Aix massacrer leurs compatriotes jacobins emprisonnés. Le 5 juin, ils en tuent 107 autres enfermés dans le fort Saint-Jean. Partout l'insécurité règne. En 1797 encore, Paris dénonce en Marseille « une des villes qui offrent le spectacle le plus scandaleux de l'insoumission aux lois » et lui reproche son « ardent amour » pour l'Ancien Régime. Ce sentiment empêchera la ville de se rallier à l'Empire.

Le départ des galères avait rendu au commerce les quais situés au sud et au sud-est du port. A peine suffisaient-ils à la navigation en plein essor, et l'on pensait à les agrandir. Certains allaient jusqu'à projeter de prolonger le plan d'eau en creusant jusqu'au cours Belsunce. Les souscripteurs des terrains de l'arsenal proposèrent d'utiliser le canal précédemment creusé pour les galères en y adjoignant une branche qui le ferait communiquer par les deux bouts avec le port. Comblé seulement en 1917, ce qui devint le « canal de la douane », occupait l'emplacement du cours Estienne d'Orves (le bras nouveau correspondant à la rue Jean-Ballard).

Ce canal ne servit pas tout de suite. On venait de l'aménager et de construire les entrepôts qui le bordent quand la ville connut, à partir de 1793, un quart de siècle de marasme économique dû à la crise révolutionnaire, aux guerres incessantes, et surtout au blocus des côtes de France par l'Angleterre. En 1807, il y a moins de 2 000 entrées dans le port, dont pratiquement aucune de navires au long cours. Rien ne subsiste du grand commerce qui avait fait la prospérité marseillaise. La ville se dépeuple. En 1811, elle a 10 000 habitants de moins qu'en 1789, où elle en comptait 100 000. Elle est pauvre : on y dénombre 30 000 à 40 000 indigents.

Les conquêtes napoléoniennes n'enthousiasment pas les Marseillais. Elles les irritent, lorsqu'ils voient les navires anglais narguer leur ville, et débarquer parfois des troupes dans le voisinage, à La Ciotat en 1808 et 1812, ou même en 1810, à l'île de Pomègues, dans la rade. Le 14 avril 1814, lorsqu'on annonce l'entrée à Paris des enne-

Eglise des Accoules, détruite à la Révolution, sauf le clocher.

mis de Napoléon, la populace se soulève et détruit les monuments élevés à la gloire de l'Empire. Montgrand, maire de la ville, célèbre la restauration de la monarchie. On fête l'escadre anglaise, qui désormais ne bloquera plus le port. On envoie une délégation demander à Paris le rétablissement de ses franchises traditionnelles.

La Révolution avait interrompu les services publics. Laissées à l'abandon, les rues de Marseille, en partie dégarnies de leurs pavés, étaient à peine carrossables. La saleté envahit jusqu'à la ville neuve. Mal entretenus, les remparts du XVIIe siècle tombent en ruines dès 1792. On en décide alors l'arasement complet.

Cette décision ne devint effective qu'après la nomination du préfet Charles Delacroix en avril 1800. Dans une séance du Lycée (l'Académie d'alors), il annonce en décembre 1801 un programme de grands travaux qui occuperont les indigents regroupés en ateliers de charité. Dès janvier précédent, il avait proposé d'appeler cours Bonaparte le cours qu'on avait planté au sud de la ville (actuel cours Pierre-Puget). En avril, il avait acheté l'espace rocailleux et dénudé qui s'élevait dans son prolongement.

Le successeur de Delacroix, Thibaudeau, continua l'aménagement de ce qui est devenu le jardin de la colline Puget. On y allait, selon un Guide du temps, « pour y respirer un air pur et jouir du point de vue le plus varié ». Sous l'impulsion du nouveau préfet, boulevards et cours remplacent les derniers remparts. Marseille peut désormais s'agrandir librement.

Soucieux de rénover la vieille ville, le préfet impérial avait fait adopter par le Conseil municipal un plan qu'il n'aura pas le temps de faire appliquer. On dégagea, du moins en partie, les abords de l'hôtel de ville. Le préfet avait aussi obtenu du Conseil la fixation des grands axes à ouvrir dans les espaces laissés libres par la destruction des couvents vendus comme biens nationaux : Carmes déchaussés en plein centre, au-dessus de la rue Paradis, Cordeliers au nord de la ville, Petites-Marie et Récollets au nord-est vers Saint-Charles, Capucines à l'est (gare Noailles), Capucins dans la même direction, mais de l'autre côté des remparts (quartier du Gymnase).

Cela fait, autour des rues nouvelles, beaucoup de terrains à bâtir. Une nouvelle fois, comme au temps de la démolition de l'arsenal, la libération d'importants espaces urbains retarde l'expansion de la ville vers sa banlieue.

Le triomphe de la Canebière

« Si Paris avait une Canebière, ce serait un petit Marseille ». Alexandre Dumas a repris, en 1846, une boutade du Marseillais Joseph Méry pour la mettre dans la bouche du fameux Dantès, comte de Monte-Cristo. Alors la Canebière est devenue célèbre dans le monde entier. « On en parle au désert sous la tente de l'Arabe et jusqu'au pôle sous la hutte du Lapon », lit-on dans un journal local en 1841.

Son destin est pourtant demeuré d'abord incertain. Une fois l'ancien rempart détruit sous Louis XIV, on ne se pressa pas d'en aménager les lices sud, à la limite des anciens et des nouveaux quartiers, occupées jusque-là par les cordiers tordant le chanvre (le cannabis, auquel la Canebière doit son nom) et tissant leurs cordages. Fermée à l'ouest, du côté du port, par le mur de l'arsenal, étranglée puis fermée à l'est, puisque la rue qui la prolonge de l'autre côté du Cours (la rue Noailles) n'a que 8 mètres de large et que nulle porte ne lui correspond dans le nouveau rempart, la Canebière est alors une assez courte impasse.

Face à la rangée de maisons qui s'est bâtie le long de la vieille ville (côté de la Bourse), le terrain est resté d'abord vide. La première autorisation d'y construire date de 1741. Par chance, elle impose de laisser 31 mètres de large entre les constructions. Rien ne change cependant jusqu'à la démolition de l'arsenal. Alors seulement, aux vilaines échoppes et aux entrepôts de bois et charbons, succèdent de belles maisons. En 1789, avec sa vaste voie charretière, ses larges trottoirs et sa superbe allée d'arbres, elle apparaît comme « la suite du Cours ».

Elle ne deviendra l'artère principale qu'avec la reprise des affaires, sous la Restauration et surtout au début de la monarchie de Juillet. A ce port où entrent jusqu'à 8 000 navires par an (1840), elle apporte une sorte

Le quai du port et le bas de la Canebière.

de quai prolongé. Puis elle devient le lieu du négoce, maintenant que ceux qui le dirigent ont quitté la « loge » pour s'installer en face de l'actuel palais de la Bourse.

Les affaires cèdent bientôt la place aux magasins de mode et aux commerces de luxe. En 1841, il y a sur la Canebière dix bijoutiers et joailliers, six libraires et dix-neuf maîtres-tailleurs. Stendhal la compare à la rue de la Paix de Paris : elle est pareillement la rue des élégances où flânent les belles promeneuses. Les terrasses des cafés l'envahissent, et c'est là qu'on descend dans les meilleurs hôtels. Dès 1839, d'un balcon de l'hôtel des Empereurs, le duc d'Orléans y admire la richesse des nouveaux quartiers et l'agitation de la rue.

On avait ouvert le rempart au bout de la rue Noailles. En 1861, on démolit un côté de cette rue pour la mettre à la dimension de la Canebière. On la prolonge ensuite, de l'autre côté du boulevard Dugommier, à travers les anciennes allées de Meilhan jusqu'au pied du carrefour où s'élève, depuis 1855, l'église actuelle des Réformés. Du parvis, par la longue et célèbre avenue, voici que s'étend désormais, vers le plan d'eau du port et le bastion du fort Saint-Nicolas, une perspective incomparable.

Marseille, reine de la Méditerranée

Marseille perd progressivement son rôle traditionnel d'entrepôt, notamment pour les marchandises du Levant. En renonçant d'eux-mêmes, en 1817, à la franchise qui avait été rétablie sur leur demande en 1814, les Marseillais reconnaissent la nouvelle fonction de leur port : il sert à l'approvisionnement de la France (notamment en blé) et surtout de point d'appui à l'industrialisation d'une ville qui exporte après transformation (huiles, sucre, savon) des matières premières importées. Le mouvement de la navigation double entre 1840 et 1847. Premier port français, Marseille est aussi le troisième port européen après Londres et Liverpool.

Sous le Second Empire, Marseille devient « la reine de la Méditerranée », et sa richesse une sorte de mythe. Politiques et hommes d'affaires s'intéressent à son destin, notamment les nouveaux théoriciens de l'économie, les saint-simoniens qui voudraient transformer le monde par la prospérité. Les capitaux ne manquent pas. On crée sur place la Société marseillaise de crédit (1865) et les grandes banques y ouvrent des succursales. L'épargne marseillaise contribue largement au financement du canal de Suez (ouvert en 1869). Grâce à lui, affirme le ministre Fould en 1862, « Marseille deviendra le centre des relations de l'Europe et de l'Asie ».

Le progrès de la vapeur entraîne la constitution de grandes compagnies de navigation. En 1865, la Société générale des transports maritimes à vapeur, dont l'un des administrateurs est Paulin Talabot, maître du chemin de fer Paris-Lyon-Marseille, fait construire neuf navires de 1 200 tonneaux avec quatre mâts et machine à l'arrière. Elle peut, en 1867, lancer depuis Marseille un service régulier avec l'Argentine. Le port est désormais relié au monde entier.

La prospérité retrouvée pose la question de l'étendue des quais. De 1830 à 1840, on élargit celui de la rive sud en prenant sur les eaux, celui de la rive nord en démolissant une ligne de maisons. Enfin, en 1855, on porte le quai Napoléon (actuel quai des Belges) à 45 mètres de large en repoussant la mer de 33 mètres. Le temps n'est plus où les mâts des navires risquaient, par temps de houle, de heurter les étages des maisons voisines.

L'élargissement des quais n'empêche pas le port d'être trop petit. Dès 1833, dans le plan incliné qui s'étageait jusque-là au pied de Saint-Victor, on creuse le bassin de carénage, modifié en 1967 pour l'ouverture du tunnel sous le Vieux-Port et devenu plan d'eau pour les navires de plaisance. En 1844, on décide d'aménager, dans les deux anses qui s'ouvraient sur la côte, de l'autre côté de la ville, le port artificiel de la Joliette. Progressivement tout le littoral du nord de Marseille se trouvera transformé par l'adjonction de nouveaux bassins.

Là où s'élevait une butte rocheuse avec un promontoire dominant la mer de 40 mètres, on égalise le sol pour dessiner des rues se coupant à angle droit. On creuse le bassin du Lazaret, dont seul le nom rappelle que, depuis le XVIIe siècle, les passagers des navires suspects de contagion, faisaient là quarantaine. On supprime également, pour les mêmes raisons, la jolie plage d'Arenc (1856-1864). Puis on creuse le bassin Napoléon et le bassin Impérial (bassin de la gare maritime et bassin National). A la fin du XIXe siècle, on s'attaque au cap Pinède, longtemps demeuré l'extrême limite de l'agglomération urbaine.

Marseille avait besoin, pour s'épanouir, d'être ancrée à la France du Nord. Le chemin de fer fut le premier à lui en apporter la possibilité. En 1843, le saint-simonien Talabot obtient la concession de la ligne Marseille-Avignon par Arles à travers la Crau. Symbole de l'enfermement qu'on allait briser, il fallut, pour atteindre la ville, creuser dans le dur massif de la Nerthe un tunnel de 4 kilomètres 600. Le premier train quitta Marseille au tout début de 1848. En 1854, la ligne montait jusqu'à Valence. En 1855, elle rejoignait à Lyon celle de Paris.

Curieusement, pour établir la gare, on avait choisi une colline, qui s'élevait jusqu'à 70 mètres. Elle avait l'avantage

Marseille, le quai du port au temps de la marine à voile.

Le nouveau port de la Joliette au début des navires à vapeur.

d'être proche de la ville et du port. Il fallut établir une ligne en cul-de-sac. On la plaça sur le plateau, à 48 mètres d'altitude. Pour les besoins des voies et des bâtiments, on nivela le reste, sauf une portion de butte, qui porte aujourd'hui un lycée qui a gardé, comme la gare, le nom de la colline, le lycée Saint-Charles. Tout le quartier s'en trouva modifié jusqu'au plateau Longchamp.

La gare demeura longtemps isolée sur sa hauteur, accessible seulement par de petits escaliers et des boulevards étroits et tortueux. En 1911, la ville mit enfin au concours un projet d'escalier monumental à édifier, vers le boulevard d'Athènes, sur des terrains devenus vacants. Le 3 août, elle opère son choix. Formalités administratives et difficultés financières repoussèrent à 1923 le commencement des travaux. On put, en 1925, procéder à une inauguration partielle. Celle de l'ensemble (escalier et sculptures) eut lieu le 24 avril 1927.

Simone de Beauvoir a raconté dans ses *Mémoires* le choc qu'elle éprouva en 1931, « immobilisée en haut du grand escalier », à découvrir Marseille. Rien n'arrête, note-t-elle, son regard qui se déploie largement par-dessus les rues et les toits des maisons. Elle descend lentement vers la ville, « s'arrêtant à chaque marche ». Il y en a 104, réparties entre sept paliers, pour franchir une dénivellation de 15 mètres 53.

Enfin de l'eau et des monuments

Sans eau, Marseille n'aurait pu continuer de croître. Longtemps, elle s'était contentée des nappes aquifères du sous-sol de la vieille ville. Puis on avait, au Moyen Age, installé un canal dérivant l'eau du Jarret, et plus tard de l'Huveaune, terminé à la porte d'Aix par un aqueduc. Dès la fin du XVIIIe siècle, l'accroissement de la ville et de la population le rendait très insuffisant.

La municipalité décida, en 1834, d'amener coûte que coûte à Marseille l'eau de la Durance. Ayant obtenu en 1838 les autorisations nécessaires, elle fit construire à grands frais, sous la direction de l'ingénieur Montricher, un canal de 82 kilomètres. Il débouchait au col de Saint-Antoine, ceinturait tout le bassin est de Marseille avant d'aller se perdre aux Goudes au sud de la ville. Ce circuit transforma la physionomie et l'économie du terroir : cultures maraîchères, vergers, prairies s'étendirent là où n'avaient jamais poussé que la garrigue et l'olivier.

La dérivation principale arrivait au plateau Longchamp pour desservir l'agglomération. Le duc d'Orléans y posa, en 1839, la première pierre d'un château d'eau, à 73 mètres d'altitude. Il n'était pas construit quand le flot de la Durance arriva pour la première fois à Marseille, dans un simple réservoir, le 29 novembre 1849.

Dix ans plus tard, la municipalité reprit le projet de constructions qui orneraient le château d'eau. En 1862, elle adopta les plans de Jacques Espérandieu. Un escalier monumental entourant une chute d'eau conduirait de chaque côté à un musée, dédié l'un aux beaux-arts, l'autre à l'histoire naturelle. L'escalier, la chute d'eau et la colonnade étaient achevés en avril 1864. Les derniers aménagements terminés, on inaugura le palais Longchamp en août 1869. Marseille possédait, dans un site admirable, un

Le palais Longchamp, château d'eau transformé en palais, vue générale.

bel ensemble architectural, et 9 mètres cubes d'eau par seconde.

Les édiles marseillais avaient vu grand. La ville a pu attendre sans difficultés les travaux du canal de Provence, qui lui ont amené l'eau du Verdon en 1969. Elle dispose maintenant de la réserve du vallon Dol, au pied des collines de l'Etoile (3 milliards de litres, deux fois le volume du Vieux-Port).

« Marseille, constatait le préfet Villeneuve-Bargemon vers 1820, compte peu de monuments. Une population tout entière adonnée au commerce a dû chercher plutôt ce qui est commode et économique que ce qui est grand et dispendieux. ». La ville est pourtant « remarquable », par son « grand nombre de belles maisons », et surtout par « un système de constructions très bien entendues pour les commodités de la vie » et « les besoins du commerce ».

Le même esprit pratique a conduit les municipalités marseillaises à préférer aux bâtiments ostentatoires les grands travaux que le relief de la ville rendait particulièrement nécessaires. A la Plaine (place Jean-Jaurès) comme à Longchamp, il fallut niveler avant d'établir un quartier neuf. Il fallut des tranchées avec tunnels ou escaliers pour percer des artères aussi indispensables que le boulevard d'Orléans (boulevard National) en 1842, ou le cours Lieutaud en 1860.

En 1839, Anthelme Bernex présente la Société du Prado marseillais. La mairie soutient son projet, et même le subventionne moyennant quelques améliorations : la promenade aurait, dans sa première partie, 60 mètres de large au lieu de 50 (presque autant que les Champs-Elysées) et on augmenterait pareillement le rayon de la place où les deux parties du cours s'articuleraient à angle droit. Elles sont achevées en 1844 avec, de chaque côté, une double rangée d'arbres. Les Marseillais, préférant leur maison en ville et leur bastide à de beaux bâtiments excentrés, boudent les terrains à bâtir qui bordent la nouvelle promenade. Bernex sort de l'opération ruiné. lls s'empressent en revanche de prendre possession des allées pour s'y promener et y organiser des fêtes. Marseille s'entiche de son Prado.

Jusqu'au Second Empire, les Marseillais n'ont voté d'enthousiasme qu'un seul monument : l'arc de triomphe de la porte d'Aix. Elevé à la gloire de la Restauration, il fut inauguré sous la monarchie de Juillet, en 1839. On en fit, sous la Seconde République, un témoignage de reconnaissance envers son président, Louis-Napoléon Bonaparte.

Tout change dans les années cinquante, après une longue période d'expansion qui semble destinée à durer. En 1855, dans le premier numéro de la *Revue de Marseille*, un publiciste local imaginait l'article consacré à sa ville en 1870 « dans un dictionnaire quelconque ». Il en énumérait les nouveaux bâtiments : bourse, cathédrale, chapelle Notre-Dame de la Garde, hôtel de ville, palais de justice, docks, résidence impériale, jardin zoologique, statue colossale représentant Marseille. Tous, sauf la statue et les mairies, ont été réalisés dans le délai prévu.

Encore la liste n'est-elle pas complète. Outre le palais Longchamp, on a construit aussi, sous Napoléon III, la caserne Saint-Charles, le palais des Beaux-Arts et sa bibliothèque (séjour actuel du Conservatoire et des Archives communales), et surtout, de 1854 à 1866, l'importante Préfecture somptueusement achevée par le préfet Maupas. Le prix de la construction, jugé excessif, entraîna sa destitution peu après son inauguration.

De 1858 à 1860, l'empereur fit bâtir à ses frais le palais du Pharo sur une colline dominant le port, que la ville avait achetée pour lui en faire cadeau. Après sa chute, elle intenta procès à ses héritiers pour s'approprier terrain et bâtiment. Elle le perdit. Alors l'impératrice Eugénie, rentrée dans ses droits et dans ses biens, les donna librement à l'Etat, qui les a cédés à Marseille. On y jouit du plus beau coup d'œil sur la ville, les ports et le large.

Sur un piton rocheux dominant la mer de 162 mètres,

Sur sa colline, Notre-Dame de la Garde.

à côté d'un poste de garde, les Marseillais avaient depuis toujours établi un sanctuaire dédié à la Vierge Marie. En 1833, on avait ajouté une quatrième nef à la chapelle élevée au XVe siècle et agrandie au XVIe. On décida, vingt ans plus tard, de la remplacer par un édifice prestigieux. Espérandieu y utilisa le style roman byzantin que son maître Vaudoyer avait utilisé pour la cathédrale. La profusion des matériaux employés, marbres précieux, onyx, granits, mosaïques, rappellent la richesse de la Marseille impériale tandis que les ex-voto accrochés dans la crypte témoignent de la reconnaissance des Marseillais modestes pour les miracles de la « Bonne Mère ». Sa statue dorée (9 mètres 70) a été placée en 1867 tout au sommet de l'édifice.

Elle est devenue depuis le symbole de Marseille. Paradoxe étonnant, puisque la ville n'a jamais aimé l'Empire qui l'a édifiée, et que c'est justement sous le Second Empire qu'elle ressent les effets d'une déchristianisation désormais continue. Dès 1862, la pratique dominicale régulière ne touchait que 30 % de la population. Elle était de 15 % en 1953.

Bouleversements

L'urbanisme de Marseille semble placé sous le signe de l'alternance. A la création de nouveaux quartiers à l'est entre 1830 et 1840 (Chave, Longchamp), au sud-est (Baille) et au sud (Vauban, Prado) succède après 1850 l'urbanisation vers la mer (rue de la République, Joliette), la gare (Belle-de-Mai), la route d'Aix (Saint-Louis).

Seule la partie ouest du vieux Marseille était en communication directe par les quais avec le quartier et le bassin de la Joliette. Partout ailleurs le relief obligeait à un détour : deux kilomètres au lieu d'un à vol d'oiseau depuis l'angle du port. Le financier Mirès, qui venait de fonder la Société des docks, proposa en 1858 une solution radicale : niveler les trois collines de l'ancienne ville et y bâtir un quartier neuf avec des rues à angle droit. Il aurait fallu pour cela chasser de chez eux 60 000 habitants, le quart de la population marseillaise.

On se borna, en 1860, à une solution transposant celle qu'Haussmann appliquait à Paris. En empruntant le col séparant butte des Moulins et butte des Carmes, on mènerait sur 1 050 mètres une large rue (54 mètres) conduisant de l'angle du port à la place de la Joliette. Commencée en 1862, la rue Impériale (actuelle rue de la République) était achevée deux ans plus tard. En certains points, il avait fallu ramener le niveau originel de 27 à 12 mètres.

Non content de creuser la rue, on ouvrit, entre le port et la nouvelle artère, de vastes espaces pour y bâtir un quartier neuf aux maisons régulières et de vastes docks imités de ceux de Londres. On détruisit 38 rues. On démolit 935 maisons. Sur une superficie de 10 hectares et demi, on retira 800 000 mètres cubes de déblais qui servirent à l'aménagement des nouveaux bassins.

Rien ne rattachait la rue qu'on venait d'ouvrir aux grands axes traditionnels de la circulation. On décide, en 1882, de la relier au cours Belsunce par une large voie (la rue Colbert) en creusant le flanc sud de la butte des Carmes. On détruisit pour cela l'église Saint-Martin, l'une des plus anciennes de la ville. Les nécessités de l'alignement allaient dans le même sens que l'anticléricalisme des autorités.

Puis c'est la stagnation. Jusqu'en 1910, et même jusqu'en 1930, nul grand projet ne vient orienter le destin de la ville. Seule la rue Paradis allonge vers le sud ses riches demeures, tandis qu'un quartier industriel se constitue au nord. Alors triomphent, dans les mailles d'un tissu urbain trop lâche, les modestes constructions d'un peuplement ouvrier. A la veille de la guerre de 1939, la structure de la ville n'a guère changé depuis la fin du Second Empire. La seule différence vient de sa rapide expansion vers le terroir, grâce, notamment après 1900, à l'établissement des tramways électriques.

Seul un chemin de ronde permettait d'accéder au littoral sud de Marseille. Anfractuosités et calanques s'y succédaient avec leur suite de rochers abrupts. Pour donner du travail aux chômeurs, la commission municipale, nommée après les événements de 1848, décida d'y créer une promenade depuis la plage où le Prado se terminait alors en cul-de-sac. Deux ans plus tard, les Marseillais commençaient à se promener sur la Corniche, dont les sinuosités offrent d'incomparables vues sur le golfe, les îles et le large.

La Corniche s'arrêtait à l'anse de la Fausse-Monnaie et, pour regagner la ville de ce côté-là, il n'y avait qu'un chemin tortueux et raide aboutissant à l'église d'Endoume. En 1860, on décida de prolonger la nouvelle promenade de la Corniche jusqu'à l'actuel carrefour de la rue d'Endoume et du boulevard de la Corderie, percé lui-même à cette occasion pour relier la promenade au cours Puget. Bientôt, le long de la mer, s'élèvent de riches demeures comme le château Talabot au Roucas-Blanc (15 hectares), la villa Lafon (devenue villa Gaby), ou la villa Valmer. Roubion, cuisinier célèbre, y établit son « palais de la bouillabaisse », plus connu sous le nom de « la Réserve », qui lui demeura presque un siècle.

Au coin du port, l'avenue de la République.

La côte sud avant les aménagements de la Corniche.

Marseille est demeurée longtemps la ville du bon sucre, du bon savon et des bonnes pâtes. Elle avait, pour cela, besoin d'importer ses matières premières et d'exporter sa production librement, à l'opposé de la France du Nord, résolument protectionniste. Malgré de rudes combats et le succès remporté à la Chambre en 1891, elle perd finalement la bataille avec les droits imposés en 1933 sur les oléagineux.

Prisonnière du protectionnisme, la ville doit resserrer son champ d'action. Elle commerce surtout avec l'espace méditerranéen, puis avec la France d'outre-mer et finalement avec l'Algérie, dont elle avait en 1830 salué la conquête avec enthousiasme. La décolonisation et l'indépendance de l'Afrique du Nord la trouvent coupée de ses marchés d'autrefois, coupée aussi de sa longue tradition d'innovation et de compétitivité que seul le libre-échange aurait pu l'obliger à maintenir.

Sous l'effet des transformations de la société dues au capitalisme industriel, Marseille a vite cessé d'être légitimiste pour devenir une ville de gauche. Dès 1863, elle élit un député républicain. A l'annonce des défaites de Napoléon III, elle proclame la République et bientôt, avant Paris, la Commune, sévèrement réprimée. En 1881, les radicaux s'emparent de l'hôtel de ville, et en 1892 les socialistes, qui avaient tenu à Marseille leur premier congrès, douze ans plutôt. Siméon Flaissières garda la mairie vingt-deux ans (1892-1902 et 1919-1931). Gaston Defferre s'y installa de 1953 à sa mort, en 1986.

Rénovation, innovation

En 1816, après Napoléon, Marseille est à peine plus peuplée qu'au début de la Révolution. Elle aura 132 000 habitants en 1831, quand commence la monarchie de Juillet, 195 000 en 1851, à l'aube du Second Empire. Puis le mouvement s'amplifie sous la Troisième République. En 1872, elle compte 313 000 âmes, 636 000 en 1946 et seulement 662 000 en 1954, puis 889 000 en 1968, 914 000 en 1975 (chiffre maximum), mais 802 000 en 1990 avec une tendance à la baisse confirmée en 1996. Depuis le début du XIXe siècle, elle ne doit plus sa croissance à la fécondité de sa population, mais à l'importance de l'immigration, provençale, française et de plus en plus étrangère. Après avoir été longtemps en majorité italienne, elle est maintenant surtout d'origine nord-africaine (60 % des immigrés en 1975).

Avec ses 23 186 hectares, Marseille est la ville de France la plus étendue, avant Paris (8 608 hectares). C'est entre 1816 et 1851 que la ville a commencé d'envahir son terroir : la population y passe de 20 000 à 43 000 habitants, augmentant de 115 % contre à peine 50 % pour l'ensemble de la commune. Après 1900, le mouvement s'accélère, et la population continue d'y croître plus qu'en ville, alors même qu'avant et après la guerre, on construit plus en ville qu'en banlieue. De 1954 à 1960, la progression des bâtiments se fait aussi surtout vers l'extérieur : sur 37 000 logements construits, 53 % le sont en dehors des arrondissements urbains. Ce mouvement a continué depuis, avec une fuite, due aux autoroutes, d'une bonne partie de la population aisée vers les villages de la périphérie, en dehors de la commune de Marseille.

La ville s'étire aujourd'hui comme une demi-étoile à quatre branches, sur plus de 10 kilomètres au nord vers le littoral et la route d'Aix, sur à peu près la même distance le long de la dépression du Jarret vers le nord-est, sur 18 kilomètres jusqu'à Aubagne à l'est, sur 6 kilomètres vers la côte sud et en direction de Cassis. Tout cela n'atténue qu'à peine une ségrégation commencée avec l'agrandissement de Louis XIV : quartiers et banlieues nord pour les plus pauvres, espace sud pour les plus riches.

La Canebière est longtemps demeurée l'axe de séparation, au point que, disait-on, les promeneurs n'étaient pas les mêmes sur les trottoirs de droite et de gauche. Moins prestigieuse, parfois délaissée par les snobs, elle reste l'artère principale d'une agglomération qui n'a toujours qu'un centre. Pour les deux tiers de ses habitants, aller en ville veut dire se rendre dans l'étroit secteur situé entre Castellane, les Réformés, la porte d'Aix et le Vieux-Port.

Jusqu'à l'entre-deux guerres, l'urbanisation s'est faite de façon anarchique. Les services municipaux ont attendu 1932 pour proposer leur premier plan d'urbanisme, imposé par la loi de 1919. Ils se sont rattrapés depuis. Marseille a été la première ville de France à adopter pour 1951-1960, puis 1961-1965, un schéma directeur d'aménagement urbain soumis à l'approbation ministérielle et, par suite, subventionné par l'État. A l'Agence municipale d'urbanisme, créée en 1960, a succédé en 1967 l'Agence d'urbanisme de l'agglomération marseillaise associant à la grande ville six communes voisines comme Allauch ou Septèmes. Elle veille depuis au développement concerté d'un espace de 35 000 hectares.

En février 1943, les troupes d'occupation font sauter toute la partie nord du vieux Marseille, après en avoir expulsé plus de 20 000 personnes. Seuls l'hôtel de ville et quelques maisons historiques sont épargnés. Ainsi disparut tout un quartier pittoresque et populaire, trop souvent confondu avec « les rues chaudes », souvent décrites dans les romans, objets de scandale de la presse à sensation. On y a reconstruit, de 1950 à 1953, le long du plus vieux quai de Marseille, une suite de maisons aux lignes sobres et harmonieuses tandis que s'élevaient des immeubles modernes jusqu'à l'esplanade de la Tourette, où s'étaient établis les Phocéens. Les événements avaient conduit Marseille à rebâtir un quartier neuf sur son lieu d'origine.

Derrière ce quartier subsiste l'authentique vieille ville, perchée sur la butte des Moulins, au quartier du Panier,

Epargnée par les Allemands en 1943, la maison Diamantée, bâtie autour de 1620, est devenue le musée du Vieux-Marseille.

dernier vestige de la cité d'autrefois. Les maisons, presque toutes au moins bicentenaires, y ont en général été reconstruites au même endroit que celles qu'elles ont remplacées, conservant aux rues leur disposition originelle sur deux hectares et demi.

En 1973, la ville y a lancé un plan de réhabilitation pour aider les propriétaires et les locataires des maisons à les équiper et à les restaurer à des conditions avantageuses. Ainsi pense-t-on sauver le plus pittoresque et le plus ancien quartier de Marseille, avec ses rues étroites, ses escaliers nombreux et parfois ses minuscules jardins intérieurs. L'opération s'est révélée longue et difficile. Elle est loin d'être terminée.

L'architecte Le Corbusier essaya d'apporter au problème du logement une solution toute différente avec sa « Cité radieuse », construite boulevard Michelet, dans le prolongement du Prado, au sud de la ville. De 1945 à 1952, il a édifié sur pilotis un immeuble de 140 mètres de long, 56 de haut et 26 de large contenant 350 logements, tous disposés sur deux niveaux. Cette construction nouvelle, qui fit scandale (tout le monde parlait de « la maison du fada ») ne surprend plus maintenant que plusieurs des principes de Le Corbusier sont couramment utilisés dans les grands ensembles.

Marseille, dans ces deux cas, a eu la sagesse d'adapter les formes d'habitation à l'histoire de la ville : réhabilitation d'un vieux quartier, innovation dans un espace neuf. On est aujourd'hui persuadé que l'avenir est moins dans la construction de nouvelles banlieues que dans la rénovation de quartiers jadis prestigieux, gravement détériorés depuis.

Depuis le percement de la rue de la République et de la rue Colbert, délimité par ces rues, le cours Belsunce et la Canebière, subsistait un quartier ancien, bientôt jugé indigne de son environnement. Décidée en 1913, sa destruction fut effective dans les années trente. Jardin public, gare d'autobus, et surtout terrain vague, le terrain de derrière la Bourse resta inoccupé pendant près de cinquante ans. Entre 1951 et 1954, on y bâtit trois tours et un grand immeuble (307 logements) du côté du cours Belsunce.

Une dizaine d'années plus tard commençaient de nouveaux travaux pour construire une maison de la Culture et un vaste centre commercial. La découverte d'importants vestiges obligea à les interrompre (1967) et à établir un nouveau projet, dans le cadre plus vaste d'un « centre directionnel ». On réussit à conserver à leur emplacement d'origine, transformé en jardin, les portes de l'enceinte hellénistique et la corne du port romain.

Bordés par le musée de l'Histoire de Marseille, dont ils dépendent, ces précieux témoignages du passé sont désormais dominés par les bâtiments modernes d'un vaste centre commercial. Ainsi la ville s'est-elle montrée, une nouvelle fois, surtout préoccupée d'affaires et, malgré le coût de l'opération de sauvetage, insuffisamment soucieuse de mettre en valeur un patrimoine inestimable par son ancienneté, en un temps où, pourtant, le tourisme aurait pu lui donner une large rentabilité.

Au nord du centre-ville, de l'autre côté de la rue Colbert, on a progressivement détruit les vieilles maisons insalubres du quartier Sainte-Barbe et de ce qui restait de la butte des Carmes. Il est prévu que le premier secteur soit, comme celui de la Bourse, surtout orienté vers la fonction commerciale. A cause de la beauté du site, qui domine le Vieux-Port, celui de la butte des Carmes paraissait destiné à recevoir des immeubles d'habitation et à abriter de petits commerces tournés vers la restauration et le tourisme.

Le programme était ambitieux : de la porte d'Aix jusqu'à Saint-Charles, 35 hectares d'espace urbain devaient se trouver rénovés dans un nouveau quartier « bien équilibré », « animé de jour et de nuit, ouvert à toute la population marseillaise : 7 000 personnes y résideraient, 18 000 y travailleraient et 65 000 y viendraient quotidiennement pour y effectuer des achats ou des visites d'affaires ». La municipalité avait voulu lancer un nouveau centre-ville à la mesure du marché commun et des 400 millions d'habitants du monde méditerranéen. Malgré la construction de quelques grands immeubles de bureaux et des vastes locaux du Conseil régional près de la porte d'Aix rénovée, ce beau programme n'est encore qu'un objectif.

Marseille ne s'est pas développée sans heurts. Après le traumatisme de la destruction de ses vieux quartiers par les Allemands, elle a connu celui des bombardements qui ont précédé la Libération. Au total, 3 613 immeubles ont été démolis et 10 833 partiellement sinistrés. Autre bouleversement : l'arrivée des rapatriés d'Algérie en 1962 : la ville dut en accueillir 34 000 en mai, 178 000 en juin, 90 000 en juillet et en août. On pensait qu'ils seraient au maximum 100 000. Il y en eut soudain près de cinq fois plus. Marseille dut faire face. Sans beaucoup de moyens. Avec parfois de brèves réactions de rejets. Finalement, 130 000 pieds-noirs se sont établis dans la ville, contribuant à son expansion géographique (125 000 logements construits en 20 ans), et surtout à son progrès économique grâce à leur esprit d'entreprise et d'innovation.

Encore plus grand

La côte sud l'a échappé belle. On envisagea longtemps d'y établir, au débouché de la vallée de l'Huveaune, un port qui équilibrerait celui du nord. On y a renoncé. Devenue trop étroite, la promenade de la Corniche a été modernisée sur plus de 2 kilomètres entre 1957 et 1968. Elle comporte au bord de la mer un balcon réservé aux piétons. Par le boulevard Charles-Livon, percé à travers le fort Saint-Nicolas en 1863, et par le tunnel sous le Vieux-Port, réalisé entre 1964 et 1967, elle communique directement avec le vieux Marseille et la zone portuaire. Plus d'un siècle de grands travaux ont vaincu des obstacles naturels qui paraissaient insurmontables.

La Corniche et son prolongement sont maintenant réservés aux activités de tourisme et de loisir. Grâce à la construction d'un nouvel égoût, la place du Prado a été assainie. Elle a aussi été agrandie. Par endigage, on a multiplié par vingt sa surface originelle. Depuis quelques années, les Marseillais disposent en bord de mer d'un espace de promenade et de jeux de 28 hectares (la moitié de la superficie de l'ancienne ville), capable d'accueillir jusqu'à 50 000 personnes par jour.

Depuis que les navires de commerce l'ont déserté pour les nouveaux quais, l'antique plan d'eau est devenu le Vieux-Port. Il continua du moins, pendant un siècle, d'abriter les pêcheurs. Depuis vingt ans, il les a perdus, non sans conséquences pour l'habitat traditionnel de l'antique berceau de Marseille. Il abrite maintenant le port des bateaux de plaisance. Saumaty, le nouveau port de pêche (9 hectares), est situé au pied des collines de l'Estaque, après les bassins de commerce.

Ces bassins n'ont cessé de progresser vers le nord. En 1918, on dépasse le cap Pinède pour créer le bassin président Wilson, puis le bassin Mirabeau en 1939. En un siècle, les quais se sont allongés de 26 kilomètres. Plus loin dans la même direction, le port de Marseille a en outre annexé les vastes étendues d'eau de Berre et de Caronte en 1919.

Et cela continue. En 1952, on inaugure le grand bassin pétrolier de Lavéra. Importé à Marseille depuis 1867, le pétrole a pris une part prépondérante de son trafic depuis la décolonisation. C'est à lui que son port doit d'être longtemps resté le second port européen après Rotterdam (cent millions de tonnes à la fin des années 80). On le raffine, on le transforme, on le transporte par oléoduc. ll est à la base de ce qui reste de prospérité marseillaise. C'est en dire la fragilité, fortement ressentie lors de la crise pétrolière de 1973, et de nouveau éprouvée depuis 1998, qui a vu baisser les importations de brut en raison d'une diminution programmée du raffinage à l'usine de Shell-Berre.

En 1960, on va encore plus loin. On équipe le golfe de Fos pour accueillir les navires géants d'aujourd'hui et de demain, pétroliers, minéraliers, et bientôt porte-conteneurs, dans des bassins artificiels creusés à plus de 25 mètres de profondeur. Parties de la jolie calanque où les Phocéens avaient aménagé une anse pour leur commerce, les installations portuaires de Marseille atteignent maintenant le Rhône et mettent la grande ville au bord du grand fleuve qui la relie par sa vallée à toute l'Europe.

Conséquence de ce changement d'échelle, la dernière extension a entraîné l'abandon de l'ancienne concession du port à la Chambre de commerce de Marseille, et la création en 1966 d'un port autonome, sous le contrôle des collectivités locales, de la Chambre, des syndicats et surtout de l'Etat. Fos apparaît comme « une entreprise nationale ». Marseille doit devenir l'Europort de la Méditerranée comme Rotterdam est celui de l'Atlantique. Les nouvelles installations sont inaugurées en 1968.

A vrai dire, l'extension du port de Marseille vers Fos n'est qu'un aspect d'une opération plus large, la création d'un complexe industrialo-portuaire destiné à compenser l'abandon des activités marseillaises traditionnelles par l'implantation d'industries nouvelles, notamment d'une sidérurgie de pointe. Elle démarre en 1973, en pleine crise de la métallurgie. Il faut réduire les prévisions. Mais la nouvelle usine est tout de même devenue, quinze ans plus tard, un des éléments essentiels du groupe Sollac.

Fos a été loin de combler les immenses espoirs suscités par cette vaste opération. Elle a pourtant permis une importante rénovation des industries, et des créations d'emplois sans lesquels on se demande ce que seraient aujourd'hui Marseille et sa région. Et les grands espaces dont elle dispose (plus de 3 000 hectares) semblent le meilleur gage de la survie et de la prospérité du port de demain.

Pour harmoniser l'aménagement industriel et urbain de la façade méditerranéenne des Bouches-du-Rhône, profondément modifiée par la création du complexe de Fos, on s'est contenté de constituer, en 1966, un organisme de concertation et d'études : l'aire métropolitaine marseillaise. Incluant les deux tiers du département, soit 260 000 hectares, elle concerne 90% de sa population : un million 350 000 habitants vers 1970. Au bout de 2 600 ans, au lieu d'une poignée de Phocéens colonisant un piton rocheux, on parle d'un million d'hommes aménageant des milliers d'hectares. Le monde a changé d'échelle.

Pour coordonner tout cela et organiser au mieux l'avenir de Marseille et de ses partenaires, il aurait fallu beaucoup plus : la création d'une vaste communauté urbaine englobant tous les partenaires concernées. Pour l'empêcher, les divergences politiques se sont jointes à la traditionnelle habitude de la ville de faire cavalier seul. Cette situation perdure. Marseille n'a réuni autour d'elle, depuis quelques années seulement, qu'un petit nombre de villes proches de son terroir. Aix mène de son côté sa propre politique avec son propre regroupement de communes. On est loin des espoirs soulevés naguère par la possible création, non réalisée, d'un vaste espace économique structuré autour du Grand Delta, comprenant les régions de Provence, de Languedoc et du Lyonnais...

Vers l'avenir

Marseille ne manque plus de projets. Ce qui est difficile, c'est de choisir les bons et de les réaliser. La municipalité Vigouroux en avait annoncé une cinquantaine, dont beaucoup ont été abandonnés faute de temps ou d'argent, ou par suite du changement de municipalité. C'est le cas du musée César, place Bargemon. Le complexe commercial du Grand Littoral, qui devait contribuer à revitaliser les quartiers nord, a été, lui, conduit jusqu'au bout. Comme le Zénith, immense salle pour les concerts jeunes, construit à Saint-Just. Tout près d'elle s'élève l'hôtel bleu du département, édifié par les soins du Conseil général, qui surprend par son gigantisme et ses formes inattendues. C'est également avant l'élection de Jean-Claude Gaudin comme maire de la ville, en juin 1995, qu'a été décidé l'agrandissement du stade. Sa transformation en a agréablement modernisé l'aspect extérieur.

Pour Marseille, la grande affaire de ces dernières années, et plus encore de celles du début du troisième millénaire, c'est l'Euroméditerranée. Déclarée d'intérêt national, cette opération bénéficie à ce titre d'importants crédits de l'Etat. Elle s'étend sur un vaste périmètre (310 hectares), depuis le Port autonome (Arenc-Saint-Jean) à la Belle-de-Mai (friches de l'ancienne Seita), englobant la gare Saint-Charles, la porte d'Aix et l'avenue de la République. Arenc conservera et développera son rôle de pôle des activités maritimes, les plus anciennes et les plus fondamentales pour le grand port français, ou mieux encore, européen de la Méditerranée.

Dans le secteur de la Joliette, où les docks du XIXe siècle ont été magnifiquement mis en valeur, continuera de se développer un important centre d'affaires. Le quartier Saint-Jean sera, lui, réservé principalement aux activités de tourisme et de loisirs. On pense y établir aussi une université européenne. Entièrement réhabilité, avec ses maisons dignes de la parisienne rue de Rivoli, le quartier de la rue de la République devrait enfin jouer le rôle que lui avaient infructueusement dévolu ses initiateurs de lien entre la ville et son port.

Nul quartier de la ville ne sera plus profondément restructuré que celui qui s'étend entre la gare Saint-Charles et la porte d'Aix. Plus que jamais, ce sera le secteur des transports, où convergeront tous les modes de déplacement, une plate-forme entre le train, le métro, les bus, les voitures particulières et les taxis. Pour préparer l'arrivée du TGV, qui va mettre Marseille à 3 heures de la capitale, ce n'est pas seulement la gare, mais tout son environnement qui doit être entièrement remodelé pour le milieu de l'an 2001. Le pari de la ville est de compter sur une vaste opération d'urbanisme pour stimuler l'activité économique dans l'immédiat, et à terme attirer à Marseille, pour y installer au moins une antenne, tout ce qui compte dans le monde des affaires.

La Belle-de-Mai constitue le pôle culturel de l'opération. Réhabilités et remaniés, les locaux de l'ancienne manufacture des tabacs regrouperont les archives de la ville (dont les collections sont parmi les plus anciennes et les plus riches de France), les réserves des musées et le centre interrégional de conservation et de restauration du patrimoine. Il y restera assez de place pour y conserver les activités culturelles modernes qui s'y sont développées depuis quelques années où les friches sont devenues un vaste lieu de créations et d'expériences artistiques (théâtre, musique, danse, audiovisuel). A quoi s'ajoute, sur le cours Belsunce, à la place de l'ancien Alcazar, la construction d'une vaste bibliothèque à vocation régionale, qui sortira de terre dès qu'auront été achevées les fouilles obligatoires d'un terrain qui a servi de nécropole dès les origines de la cité.

Contrairement à une opinion répandue, Marseille est une ville de culture et de savoir. A preuve, la fréquentation de ses nombreux musées, dont beaucoup sont groupés dans les vastes bâtiments de la Vieille Charité, ancien hôpital général, construits de 1679 à 1704 avec une chapelle à coupole ovoïde dessinée par Pierre Puget. Inaugurés en

La Vieille Charité, avec la coupole de Pierre Puget.

1992, après avoir été merveilleusement restaurés, ils accueillent, comme les théâtres et l'opéra, autant ou plus de visiteurs que le stade… A preuve aussi, l'importance de tous ceux qui ont contribué au fil du temps et contribuent encore au progrès de la science. Marseille est, après Paris, la première ville de France pour son potentiel scientifique. Elle est en pointe dans maints domaines, de la plongée sous-marine à la médecine en passant par l'astronomie spatiale. Chaque expédition américaine emporte avec elle dans l'espace du matériel conçu et fabriqué à Marseille.

Images de Marseille

A Marseille, depuis longtemps, il y a le sport. Un peu partout, en France, on l'identifie au football. C'est excessif, mais il est vrai que l'OM est un puissant facteur d'intégration entre les diverses populations de la ville, une façon pour chacun de connaître le succès, à condition bien sûr que l'OM gagne. Au-delà de cette équipe et de ses vedettes, dans l'espoir de leur ressembler, se sont formés dans les quartiers, même les plus difficiles, de nombreux groupes sportifs, organisés ou non en associations, qui contribuent à la paix sociale, car chacun est heureux d'y avoir une place, pensant parfois qu'il y trouvera sa chance. A moins qu'il ne préfère la tenter dans les nombreux groupes de musique, de théâtre ou de danse.

La ville a le goût du spectacle et de la fête. La Coupe du monde de football de 1998, le Mondial, disputé en France avec plusieurs matches à Marseille, l'a montré à toute la planète. La joyeuse et populaire célébration du vingt-sixième centenaire le confirme. La ville est devenue à la mode dans les médias, sujet privilégié de reportages dans les journaux et à la télévision. Et l'on a découvert sa beauté, car elle est très photogénique. Dans un site magnifique, entourée de superbes collines, au bord d'un des plus beaux golfes du monde, la cité aux multiples buttes et aux cent onze quartiers est d'une diversité et d'un charme incomparables. Il suffit de la regarder pour l'aimer.

Tout le monde connaît les Marseillais de Marcel Pagnol. Le succès de sa trilogie au théâtre, puis au cinéma, a gravé dans toutes les mémoires le portrait de César, incarné par Raimu, ou la partie de boules interrompant la marche d'un tramway brinquebalant. Bon cœur et mauvais caractère, hâbleur et pas très courageux, aimant le soleil plus que le travail, tel apparaît le Marseillais dans le film

Le château de la Buzine en 1905, futur « Château de ma mère » de Marcel Pagnol.

comme dans la chanson. Ce portrait forcé s'est d'autant mieux imposé dans les esprits que, depuis la fin de la guerre, vacances riment avec une Provence souvent identifiée à Marseille dans l'imaginaire collectif.

En fait, l'image des Marseillais a beaucoup varié avec les époques. Symboles de l'austérité pour Aristote, ils sont attaqués comme « pusillanimes et efféminés » par Athénée au IIIe siècle après Jésus-Christ. Un chroniqueur du XIe siècle les dépeints, avec les Méridionaux, comme des êtres « vains et légers, pleins de perversité et d'infamie ». On les dit aux siècles classiques adroits et sobres, mais grands parleurs, fiers d'eux-mêmes, vite violents, facilement irrespectueux envers les Grands. Le Midi est le lieu de la démesure. A la vertu et à la franchise des gens du Nord, Montesquieu oppose « les passions plus vives » du Midi, qui y « multiplient les crimes ». Chicago n'existe pas encore que Marseille est pensée à sa ressemblance.

Le rôle des Marseillais pendant la Révolution et les exagérations répandues sur les cruautés prétendument commises par leur bataillon à Paris renforcent les préjugés défavorables. Hugo et Taine s'accordent à dénoncer la violence de l'homme du Midi, dont le Marseillais reste le prototype. Dans un pays que le soleil et le mistral rendent inhospitalier, l'habitant ne peut qu'être « colérique et rude » (Michelet), ou « poussé par le vice d'un tempérament fougueux » (Balzac).

A la fin du XIXe siècle, l'image change soudain complètement. Le Marseillais Arnoux dans *l'Education sentimentale* apparaît vulgaire, inconséquent et sans scrupules, plein d'une serviabilité superficielle, mais sans aucune méchanceté. C'est que Flaubert a subi l'influence de ceux qui, tel Joseph Méry dans *Marseille et les Marseillais* (1860), ont donné de leurs compatriotes une nouvelle image. Le trait fondamental cesse d'être la violence pour devenir la légèreté, l'absence de sérieux, le goût de la plaisanterie. Marseille devient le pays de la galéjade, la patrie de Marius et Olive. Mieux valait cette souriante caricature que le portrait inquiétant de l'époque précédente.

Mieux vaudrait demander à des écrivains restés fidèles à leur ville le vrai portrait des Marseillais. Gabriel Audisio célèbre leur esprit pratique et leur activité d'armateurs et de marins. Il parle de leur « remuante grandeur ». Son ami, le poète Louis Brauquier, n'hésite pas à célébrer ceux qui ont été à l'origine de la cité, puis de sa richesse : « Il est temps, écrit-il, de réhabiliter le négoce, et de dire aux marchands que leurs gestes sont beaux. »

Table des matières

Préface 7
A l'origine, une histoire d'amour 9
Après l'idylle, le drame 11
Perchée sur une presqu'île 14
Une ville prospère dans un environnement hostile 16
Marseille dans ses remparts 19
La fidèle alliée de Rome 22
Continuité commerciale et vigueur culturelle 27
Les débuts du christianisme 30
Deux siècles et demi de liberté et de prospérité 41
Deux siècles d'épreuves 43
Plusieurs maîtres pour une ville libre 47
Les « Chapitres de paix » 52
Une tête de pont vers le royaume de Naples 55
Mort et résurrection d'une ville fidèle aux Angevins .. 59
Quand tout peut encore arriver… 65
Une union inattendue à la France 69
Le changement dans la continuité 72
Commerce et religion 76
Une fidélité maladroite 78
Louis XIV à Marseille 80
Un port mondial 82
Marseille devient une grande ville 85
Marseille enfin française 90
Mort et résurrection (bis) 93
Le triomphe de la Canebière 97
Marseille, reine de la Méditerranée 99
Enfin de l'eau et des monuments 103
Bouleversements 107
Rénovation, innovation 111
Encore plus grand 116
Vers l'avenir 119
Images de Marseille 122

Achevé d'imprimer
sur les presses de
l'imprimerie A. Robert
200, avenue de Coulin
13420 Gémenos
pour le compte
des éditions Autres Temps
97, avenue de la Gouffonne
13009 Marseille

Dépôt légal : juillet 1999

ISBN : 2-84521-015-9
ISSN : 1164-5881